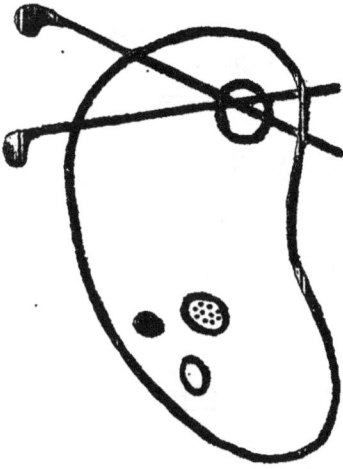

Couvertures supérieure et inférieure
en couleur

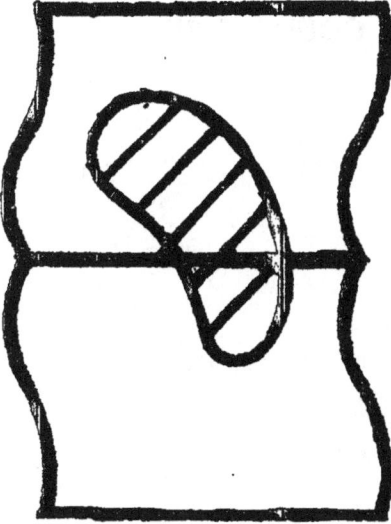

Illisibilité partielle

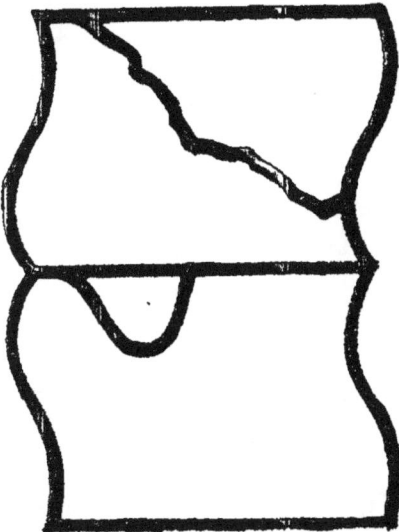

Texte détérioré — reliure défectueuse
NF Z 43-120-11

VALABLE POUR TOUT OU PARTIE DU
DOCUMENT REPRODUIT

I0112320

PETITE BIBLIOTHÈQUE DE LA « LUMIÈRE »

L'UNITÉ DE LA VIE

PASSÉE, PRÉSENTE ET FUTURE

ou

L'IMMORTALITÉ

INDIVIDUELLE ET COLLECTIVE

Par Pierre-Félix COURTÉPÉE

Prix : 1 fr. 50

PARIS

« LA LUMIÈRE » BOULEVARD MONTMORENCY, 97

1892

BOURG (Ain)

TYPOGRAPHIE ET LITHOGRAPHIE

Eug. BERTÉA

17, rue des Bons-Enfants, 17

1892

L'UNITÉ DE LA VIE

PASSÉE, PRÉSENTE ET FUTURE

OUVRAGES DU MÊME AUTEUR

PETITE BIBLIOTHÈQUE DE LA « LUMIÈRE »

L'UNITÉ DE LA VIE

PASSÉE, PRÉSENTE ET FUTURE

OU

L'IMMORTALITÉ

INDIVIDUELLE ET COLLECTIVE

Par Pierre-Félix COURTÉPÉE

PARIS

« LA LUMIÈRE » BOULEVARD MONTMORENCY, 97.

1891

Tous droits réservés.

BOURG (Ain)
TYPOGRAPHIE ET LITHOGRAPHIE E. BERTÉA
17, rue des Bons-Enfants, 17

L'UNITÉ DE LA VIE

PASSÉE, PRÉSENTE ET FUTURE

ou

L'IMMORTALITÉ INDIVIDUELLE ET COLLECTIVE

> Je crois à la vie passée, présente et future. Je crois que ce qui est contient le résumé de ce qui fut et le germe de ce qui sera. Je crois que le passé et l'avenir de ma vie sont en moi et constituent ma vie présente.
> (ENFANTIN. *La vie éternelle.*)

> Hier n'est plus, aujourd'hui passe, demain se montre et se survivra ; il portera la marque des jours précédents. Préparons donc au temps fugitif, le futur éternel.

AUX LECTEURS

Socrate disait à ses juges : « Athéniens, je vous estime et je vous honore ; toutefois, j'obéirai plutôt à Dieu qu'à des hommes. Vous m'offririez en vain de me renvoyer absous à la condition que je cesserai de philosopher, car, jusqu'à ma dernière heure, je dois tenir, à chacun de ceux que je rencontrerai, mon langage ordinaire : Oh! mon ami, comment ne rougis-tu point de ta manière de vivre? Amasser des richesses, acquérir du crédit et des honneurs, voilà ce qui t'occupe, tandis qu'oublieux de ton âme, tu ne songes point à la perfectionner. »

Rappelons-nous ce conseil que donnait à ses concitoyens le plus sage des Grecs, et nous ne regretterons pas le temps employé à la lecture de quelques pages ayant pour objet l'âme humaine ainsi que ses facultés de progrès et d'amélioration.

Il s'agit pour chacun d'observer le monde qui l'entoure, d'étudier ses pareils et de scruter sa propre conscience. Quiconque voudra bien se livrer à cet examen des faits, arrivera, suivant nous, à cette conviction : que l'homme est âme avant d'être corps ; que le but de la vie terrestre ne saurait être atteint par un seul passage dans une enveloppe charnelle, et que, lors de son apparition sur cette terre, nul d'entre-nous, peut-être, ne sortait des pures sources de la vie spirituelle, c'est-à-dire n'était un être neuf dont la conscience, à son début, prenait la direction d'une activité morale faisant son premier pas.

La démonstration irréfutable de ces vérités est, nous le pensons, fournie par l'inégalité trop visible et presque sans limites de nos puissances de juger et d'agir, ainsi que par les défectuosités des meilleurs et l'infirmité des plus intelligents devant leurs passions.

Quoi qu'il arrive, nul ne trouvera mauvais qu'un de ses semblables tente de lui exposer les faits contenant, à ses yeux, la preuve d'une vie antérieure à la naissance du corps ; essaie de lui montrer que cette préexistence de notre individualité justifie seule les conditions de la vie présente, suite de celle qui fut et cause de celle qui sera. Personne ne blâmera celui qui croit savoir, de manifester le désir d'amener les autres à dire avec lui, que la croyance à la vie future est insuffisante pour une bonne direction de la vie, et qu'accepter une continuité d'existence dont le passé, le présent et l'avenir sont les phases diverses, c'est, pour l'homme, posséder, avec la raison d'être de sa situation actuelle qui est un effet, la véritable règle de sa conduite de chaque jour, d'où sortira son avenir.

RECHERCHE DE LA VÉRITÉ

> Toute divine qu'elle soit, la vérité doit être trouvée, connue ou contrôlée par des voies humaines.
>
> X.
>
> N'acceptez rien de confiance... Croyez seulement au cas où l'écrit, la doctrine ou la parole sont corroborés par votre propre raison et votre sens intime.... Ne croyez que d'accord avec votre propre conscience, mais alors conformez absolument vos actes à vos opinions.
>
> *Le Sage des Sakyas,*
> KALAMASULTA.

Qu'il le veuille ou non, qu'il le sache ou non, chaque homme n'a, en réalité, que lui-même pour directeur de sa conduite.

Il agit sous l'impulsion d'une idée qui est ou qu'il fait sienne.

Il faut qu'il ait compris ou donné sa confiance. Il est juge, même au cas où il préfère qu'un autre pense pour lui.

Le philosophe démontre que les seuls guides des actions des hommes, sont leurs facultés réunies : intelligence, raison, jugement, conscience et volonté.

L'historien fait voir partout l'initiative de l'homme. La malignité ne néglige jamais l'occasion de se faire sentir ; mais toujours celui qui entreprend de violenter les autres, accepte pour lui-même ce qu'il prétend imposer. Le persécuteur commence par être un converti plus ou moins sincère et convaincu.

« Je suis dépositaire de la vérité, dit une secte religieuse ; » mais toute secte tient le même langage, et il y a lieu de choisir entre elles.

Que la vérité soit divine dans sa réalité, nul doute ; mais, pour être appliquée, elle doit être vue et comprise par l'homme, et, dès lors, la vérité pratiquée, la seule dont il y ait à tenir compte, est nécessairement humaine.

Chaque secte est en possession de légendes et proclame des faits qu'elle dit surnaturels, sauf à les entendre contester par les sectes rivales. Ici comme toujours se montre nécessaire l'intervention de l'intelligence. Elle est dans l'obligation d'apprécier les faits extérieurs, base de la conviction. Elle doit les étudier en eux-mêmes et dans leurs circonstances accessoires. Elle ne saurait leur reconnaître un caractère supra-humain, sans se déterminer par un raisonnement vrai ou faux ; la conclusion lui appartient. Loin que l'intelligence

soit destituée de son exercice, tout en sollicite
la mise en action.

Ce sont toujours des hommes qui présentent
leurs enseignements comme l'expression de
la vérité divine et qui, pour le faire, s'appuient
exclusivement sur des témoignages humains.

Ces hommes qui ont dit : « Dieu s'est affirmé
devant nous... La voix arrivée à mon oreille
est celle de Dieu... Le langage qui a frappé
mes sens est le verbe divin, » ces prétendus
témoins ont dû s'assurer de la présence de
Dieu. Ils ont été mis en demeure d'expliquer
comment et sous quelle forme l'auteur annoncé
du précepte s'est rendu visible ; comment ils
l'on reconnu sous cette forme empruntée, et
comment ils se sont enquis de la provenance de
la voix entendue.

Une parole quelconque résonnant dans
l'espace, un son venant à retentir dans l'air,
n'ont pas nécessairement Dieu pour auteur.
Les témoins sont tenus de prouver ce qu'ils
attestent, aussi bien que de convaincre ceux
qui nient. Il ne s'agit pas d'un ordre aveu-
glement acceptable ; chacun, maître ou dis-
ciple, juge selon ses connaissances et ses
facultés.

Ainsi, dès le début, le choix est nécessaire et, dès le premier pas, le discernement s'exerce, c'est-à-dire que, tout d'abord, il y a œuvre de l'intelligence et de la raison.

Etendez au grand nombre, limitez à quelques-uns le droit de faire l'examen et de prendre une détermination, il faudra toujours que des hommes apprécient afin d'accepter d'abord et de prescrire ensuite. Or, du caractère humain de ce jugement porté une fois, il résulte qu'il est toujours sujet à revision de la part des nouveaux venus appelés à consentir.

Les hommes ne sont pas des machines dont on dirige la marche. Nous sommes des êtres intelligents et actifs auxquels on peut conseiller une direction, mais nous ne saurions échapper à notre loi, qui est de tracer nous-mêmes et de frayer la route que nous entendons suivre.

Des motifs de discussion se rencontrent partout. Si, pour attester une origine extra-humaine, des témoignages suffisent, d'aussi faibles garants ne sauraient déterminer l'auteur de l'enseignement. Ils sont, en tout cas, impuissants à certifier la fidélité du texte dans lequel il est produit.

Toutes les sectes révèrent des envoyés divins, et nous ne saurions être tenus d'accepter comme l'écho de la vérité divine, la voix de quiconque prétend l'annoncer.

Ces causes si multipliées d'erreurs non moins que sa nature d'être raisonnable, veulent que sans cesse l'homme recourre à sa raison, afin qu'elle apprécie la route qui mène réellement au but désigné par son créateur et son père aux efforts de sa nature progressive.

Quand on lit les récits que nous offrent les traditions recueillies dans les livres hiératiques de l'antiquité, et surtout les narrations faites avec détails et présentées sous une certaine couleur historique, on remarque que toujours l'homme a examiné et qu'il n'a cru et agi que par suite d'une détermination personnelle et raisonnée.

Ainsi, partout apparaît, avec le témoignage humain, le contrôle qu'il rend indispensable, et nulle part nous ne rencontrons l'intelligence destituée de l'accomplissement de son rôle. La nécessité que subirent les premiers croyants s'impose à leurs successeurs.

Les livres de l'antiquité grecque sont pleins de récits d'apparitions extra-humaines et de colloques entre des hommes et des êtres incorporels. Ils racontent fréquemment des dialogues entre des voix venant de l'espace et des hommes. Si l'oracle a été attribué à Jupiter, à Apollon, à Diane ou à tel autre de leurs dieux moyens, jamais nul ne l'a fait remonter au Dieu supérieur. Celui-ci, disait Socrate, ne se fait connaître aux hommes que par ses œuvres et ses bienfaits, il ne se montre pas lui-même à leurs yeux. Les peuples modernes ont toujours refusé d'accorder un caractère divin à ces manifestations attestées par des témoignages historiques.

Il n'en saurait être autrement à l'égard des légendes contenues dans les livres religieux des Israélites.

Adam et Eve auraient, suivant la tradition, déclaré avoir commis une faute à la suite de laquelle un personnage qu'ils virent et dont ils entendirent la voix, aurait prononcé contre eux une sentence d'expulsion du pays d'abondance où ils avaient séjourné jusqu'à cette époque.

D'après le récit de la *Genèse*, ce serait Dieu lui-même, le créateur du ciel et de la terre ainsi que de toutes choses, qui serait inter-

venu. Toutefois, on y lit aussi qu'Adam a dit
avoir été en communication avec un être qui
lui était apparu sous une forme semblable à
la sienne, et à la supériorité duquel il s'était
soumis parce qu'il avait senti l'effet de sa
puissance et qu'il l'avait entendu dire qu'ainsi
que d'autres pareils à lui, il avait la connaissance du bien et du mal.

Le rédacteur de la *Genèse* s'est écarté de
l'opinion d'Adam. Vous préférez sa manière
de voir à celle d'Adam? Qu'importe pour nous?
Il y a choix et jugement de part et d'autre.
Mais comment cette préférence, la sienne et la
vôtre sont-elles dirigées ? Par l'intelligence.
Cela suffit, et ici encore la croyance a pour
seul guide la raison et pour seule base le
motif que lui suggère l'intelligence.

Quoi que nous fassions, nous ne saurions
abdiquer. Dieu ne le peut vouloir. Il ne nous a
donné que le sens intime pour tout moyen de
choisir entre les solutions de notre jugement
et les suggestions de nos désirs matériels.
Nous ne saurions rejeter sur qui ou sur quoi
que ce soit une responsabilité qui nous incombe tout entière.

A chacun de rechercher, de trouver et de

suivre la vérité, c'est-à-dire la voie du bien, à
ses risques et périls, sans qu'il lui soit possible
de se couvrir d'une autorité quelconque et
quelqu'imposant que soit le nom dont a jadis
paré son enseignement le premier homme qui
l'a propagé. Il y a lieu de scruter ce qu'a dit
Adam et ce qui a été répété en son nom ; ce
n'est pas une parole divine à laquelle il n'y
aurait qu'à obéir : il n'est venu à nos sens et,
par suite, à notre esprit qu'un langage humain
sortant de la bouche d'un de nos semblables.

Noé se croit assisté d'un Dieu, il ne fait que
le supposer et nous ne saurions être tenus de
nous en rapporter à ses allégations.

« Mon Dieu, dit Abraham, m'a ordonné de
quitter le pays de mon père et d'aller habiter
la terre de Chanaan dont il assurerait la possession à ma postérité. » Le fils de Tharé agit
par conviction, mais il n'a pu que supposer
la qualité de son interlocuteur. A quoi a-t-il
reconnu la divinité de ce personnage qu'il a vu
nombre de fois sous une forme humaine et
qui l'a visité assisté de compagnons semblables
à lui? Il l'a sacré dieu à raison de la puissance
qu'il lui a attribuée, parce qu'il l'a cru capable
de remplir ses promesses, comme par suite de

la conformité de ses propes pensées avec les
discours qu'il entendit et les ordres qu'il reçut.
L'entendement d'Abraham est donc le seul
guide de sa foi, et s'il a usé de son intelligence, pourquoi abdiquerions-nous la nôtre ?
Mais il n'en a pas fait usage seulement pour
admettre ou rejeter l'individualité de celui
avec lequel il s'entretenait, il s'en est encore
servi pour comprendre, retenir et rapporter
ce qui lui a été dit.

Nous devrons, en tout cas, penser qu'il y a
eu certainement de la part des descendants
d'Abraham, altération des discours rapportés
par lui. Laissons de côté cette légende ambi-
tieuse que les faits se sont chargés de renverser.
Les fils d'Israël ont perdu la motte de terre
occupée par la force, et parmi eux quelques-
uns seulement doivent à des frères compatis-
sants une nouvelle patrie achetée au prix de
leur nationalité.

Où que soit l'erreur, qu'elle vienne de l'origine ou de la transcription dans le texte qui
nous reste, nulle instruction ne saurait sortir
de ces entretiens tels que nous les possédons,
tout pleins qu'ils sont de la convoitise du bien
d'autrui,

Lors de l'expulsion d'Agar, ce n'est plus Dieu lui-même qui apparaît, parle et agit, c'est un simple messager. Agar dit que c'est Dieu, tandis que la tradition veut que ce soit seulement un envoyé. Pourquoi cette divergence ? C'est Agar qui a vu et cependant ce n'est pas son témoignage qui prévaut. D'où cela vient-il ? On a jugé, sans doute, que l'intervention d'une créature suffisait, soit à cause du colloque, soit parce que l'interlocutrice était une esclave égyptienne. Preuve de plus que l'homme et son jugement ont, en tous cas, une action nécessaire.

Avec Moïse, il ne s'agit plus d'une simple affirmation, nous avons devant nous des faits précisés et toute une controverse. Nous assistons à une scène et le narrateur nous fait passer par les alternatives qu'ils a traversées. Il a le désir de nous amener à partager sa conviction.

En présence du buisson qui flambe et n'est pas consumé, Moïse se dit en face de Dieu. Il n'en sait rien ; il le suppose à raison de l'effet qu'il reporte à une cause puissante Il ne fait pas acte de foi, *il juge que Dieu est là*. Un dialogue s'établit entre la voix entendue et Moïse. Celui-ci ne se rend pas tout d'abord, il veut s'éclairer

avant d'accepter ce qui lui est dit. Il objecte
qu'on ne le croira pas, et il demande qu'en
signe de sa mission, des prodiges susceptibles
de convaincre soient accomplis devant ceux
auxquels il est envoyé.

Pourquoi, malgré son échec devant Pharaon,
Moïse, auquel manque un moyen de convaincre
sur lequel il a compté, persiste-t-il à croire ?
C'est qu'après examen et appréciation de ce qu'il
a vu et fait, il est arrivé à une opinion raisonnée.

La même étude peut nous conduire à une
opinion contraire à la sienne.

Il faut qu'en tout, les facultés et la raison
humaines accomplissent leur rôle.

Nous sommes ainsi autorisés à conclure
historiquement, qu'à l'exemple de l'intermédiaire discutant avec le Dieu qui l'inspire, les
hommes ont dû toujours discuter avec ceux
qui prétendaient les diriger en vertu d'un
mandat divin, et la preuve de leur mission, et
le mérite de leur enseignement.

La raison a toujours été le guide unique de
la conviction, et celle-ci la seule règle de la
conduite.

En faisant l'homme intelligent et progressif,
Dieu s'est retiré et n'a pu communiquer à

personne le pouvoir de diriger celui qui est tenu d'agir, non plus que celui de le décharger d'une responsabilité inhérente à sa nature. En compensation, il lui a ménagé les moyens de suivre une bonne direction. Que ses convictions s'accordent avec le vrai et le bien, alors ses actions seront bonnes.

De Dieu seul émane la vérité, elle n'existe qu'avec lui et par lui ; mais chaque homme est appelé à en prendre possession. Dieu est toujours prêt à la lui communiquer. Il lui a donné, dans ce but, la raison, cet instrument admirable qui, dit Fénelon, est Dieu dans l'homme. Consultée avec sincérité et désir du bien, elle est un miroir fidèle dans lequel se reflette la pensée divine. Que l'homme s'interroge dans le recueillement, qu'il ne permette ni à ses passions, ni à ses convoitises d'obscurcir la précieuse image, et la règle à suivre lui apparaîtra lumineuse.

Regard de Dieu, émanation divine, la vérité est visible pour quiconque lui ouvre largement sa conscience, avec amour et loyauté, avec désir du bien et volonté d'accepter ce qu'il verra.

Ce qui est connu clairement et distinctement est vrai.

Il n'y a même point de difficulté à remarquer ce qui présente les caractères de distinction et de clarté, signes de l'évidence, preuves de la vérité.

Nous créons nous-mêmes l'obscurité qui nous arrête.

II

DIEU, L'HOMME ET LE MONDE

Les pères de la philosophie ont établi d'une manière qui nous semble incontestable, que nul ne pouvait, sans faire échec à sa raison, méconnaître l'existence de Dieu.

On lit dans un des plus anciens livres de l'Inde : « Celui qui nie, pour l'ensemble, une cause supérieure et nécessaire, n'a pas le moyen d'assigner une cause à un fait particulier. Si vous dites l'univers existe parce qu'il existe, il est inutile de rien chercher au-delà, l'homme ne vit plus qu'avec des faits et rien ne l'assure de l'invariabilité des lois de la nature. »

Xenophon nous a conservé, dans ses *Entretiens mémorables*, la démonstration que présentait son maître. Le faisant converser avec un de ses amis, il s'exprime en ces termes :

« Daignez me répondre, mon cher Aristodème, lui dit Socrate : Y a-t-il quelques personnes dont vous admiriez les talents ?

« Sans doute, répondit Aristodème.

« Voudriez-vous bien me les nommer ?

« J'admire surtout Homère dans la poésie épique, Mélanippe dans le dithyrambe, Sophocle dans la tragédie, Policlète dans le statuaire et Zeuxis dans la peinture.

« Mais quels artistes trouvez-vous les plus admirables, de ceux qui font des figures dénuées de mouvement et de raison, ou de ceux qui produisent des êtres animés et qui leur donnent la faculté de penser et d'agir ?

« Ceux qui créent des êtres animés, si cependant ces êtres sont l'ouvrage d'une intelligence et non pas du hasard ?

« Mais supposons des ouvrages dont on ne puisse reconnaître la destination et d'autres dont on aperçoive l'utilité, lesquels regarderiez-vous comme la création d'une intelligence ou comme le produit du hasard ?

« Il faudra bien attribuer à l'intelligence les ouvrages dont on sentira l'utilité.

« Ne vous semble-t-il donc pas que celui
qui a fait les hommes, leur a, dès le commencement, donné les organes des sens, parce que
ces organes leur sont utiles : des yeux pour
qu'ils eussent la perception des objets visibles,
des oreilles pour qu'ils pussent entendre les
sons. A quoi nous serviraient les odeurs, si
nous n'avions pas des narines, et sans un
palais capable de recevoir les sensations
qu'excitent en nous les saveurs, comment
aurions-nous quelque idée de leur douceur
ou de leur âcreté ? Notre vue est délicate, ne
reconnaissez-vous pas l'œuvre de la Providence dans les paupières qui lui servent de
portes ? Elles s'ouvrent quand il nous plaît de
faire usage de nos yeux ; elles s'abaissent
quand nous nous livrons au sommeil. Les
vents auraient pu offenser nos prunelles, mais
les cils sont comme des cribles qui les défen-
dent, et les sourcils, s'avançant en forme de toit
au-dessus de nos yeux, ne permettent pas que
la sueur les incommode en découlant de notre
front.

« Parlerai-je de l'ouïe qui reçoit tous les
sons et ne s'emplit jamais ?...

« Eh quoi, lorsque ces ouvrages sont faits

avec tant de prévoyance, vous douteriez qu'ils soient le fruit d'une intelligence ?

« Je sens bien qu'en les considérant sous ce point de vue, il faut reconnaître l'œuvre d'un sage ouvrier animé d'un tendre amour pour ses ouvrages. »

Socrate dit en terminant :

« C'est en rendant des services aux hommes que vous reconnaissez s'ils veulent bien eux-mêmes vous en rendre ; c'est en les obligeant que vous voyez s'ils sont disposés à vous obliger à leur tour ; c'est en les consultant que vous apprenez s'ils ont de la prudence. Révérez donc les dieux, c'est à ce prix qu'ils daigneront vous éclairer sur ce qu'ils n'ont pas soumis à votre faible raison. Vous reconnaîtrez alors que la divinité voit tout d'un seul regard, qu'elle entend tout, qu'elle est partout et qu'elle prend soin de tout ce qui existe. »

Xénophon rapporte encore l'entretien de Socrate et d'Euthydème sur le même sujet. Voici comment il les fait parler :

« Dites-moi, mon cher Euthydème, avez-vous bien réfléchi sur les bienfaits de la Providence qui veille à nous procurer la satisfaction de tous nos besoins ?

« C'est une question dont je ne me suis point assez occupé.

« D'abord, vous savez que nous avons besoin de la lumière, et les dieux nous la donnent. Sans elle, nous aurions des yeux et nous serions comme des aveugles. Nous avons besoin de repos et ils nous donnent la nuit, dont le silence et l'obscurité nous engagent si doucement à nous livrer au sommeil. Ce présent est bien digne encore de notre reconnaissance. Le soleil est lumineux, il nous indique les heures, il éclaire à nos yeux tous les objets. La nuit est obscure, elle ne peut rien nous découvrir, mais les dieux l'ont fait briller de la lumière des astres qui nous marque les heures de la nuit et nous permet de ne point la passer tout entière dans l'inaction. La lune, par sa clarté, nous donne la mesure des nuits et des mois.

« Nous avons besoin de nourriture, les dieux ordonnent à la terre de nous la prodiguer ; ils ont fixé les saisons convenables à ses productions ; ils ont voulu qu'en satisfaisant le besoin, elles nous fissent encore éprouver le plaisir. C'est donner aux hommes une marque bien sensible de leur amour.

« L'eau doit être regardée comme un de leurs

dons les plus précieux. C'est par elle que la terre et les saisons enfantent toutes les substances qui nous sont nécessaires et fournissent à leur accroissement ; elle contribue à notre nourriture ; mêlée à nos aliments, elle en rend l'apprêt et l'usage plus faciles, elle leur prête plus de délicatesse et de salubrité. Comme elle nous sert à un très grand nombre d'usages, les dieux nous l'ont accordée avec profusion : nouveau témoignage de leur providence.

« Ils nous ont donné le feu par qui nous bravons les rigueurs du froid ; il nous éclaire dans l'obscurité ; nous l'employons dans tous nos arts ; nous le faisons servir à tous nos besoins. Sans nous égarer dans de longs détails, le feu n'entre-t-il pas dans les plus belles et les plus utiles inventions des hommes ? C'est encore un bienfait des dieux.

« Eh ! reconnaîtrons-nous moins leur bonté dans le soleil ? Cet astre revient vers nous à la fin de l'hiver, murit sur son passage les productions de la terre, dessèche celles dont la saison est écoulée, et, après nous avoir rendu ce service, il ne nous approche pas de trop près ; mais il retourne sur ses pas, comme s'il craignait de nous offenser par l'excès de sa chaleur. Parvenu à cette distance où nous sentons nous-mêmes qu'un froid plus rigoureux nous ferait périr, il cesse de s'éloigner davantage et recommence sa carrière jusqu'à ce qu'il ait atteint cette région du ciel où sa chaleur vivifiante rend ses bienfaits plus apparents. Il semble que tant de merveilles ne soient opérées qu'en faveur de l'homme. Il est encore certain que si les grandes chaleurs et les froids rigoureux se succédaient avec rapidité, nous n'aurions pas la force d'en supporter les excès ; mais le soleil s'approche ou s'éloigne de nous avec lenteur, et nous passons, sans même en souffrir, par les extrémités opposées de la chaleur et du froid. »

Dans le même entretien, Xénophon attribue encore à Socrate les paroles qui suivent :

« Mais comment pourrions-nous jouir des ouvrages des dieux, de ces ouvrages à la fois si utiles, si beaux et si variés, s'ils ne nous avaient pas accordé des sens capables de recevoir les différentes sensations que ces merveilles excitent en nous ? Sans le secours de nos sens, comment pourrions-nous profiter des biens que le ciel nous a départis ?

« Les dieux nous ont gratifiés de l'intelligence;

c'est par elle que nous raisonnons sur les objets soumis à nos sens, que nous en conservons l'image dans notre mémoire, que nous jugeons de leur utilité, que nous trouvons l'art de les appliquer à notre usage et d'éviter les maux qu'ils pourraient nous faire éprouver.

« Entre tant de bienfaits, oublierai-je le don de la parole ? Par elle nous nous communiquons nos idées et nos sentiments ; nous nous donnons des conseils mutuels, nous établissons les lois et gouvernons les empires. Non, il n'est pas possible de méconnaître les soins éclairés que les dieux ont pris de l'espèce humaine. »

Voici la fin de cet entretien :

« Vous reconnaîtrez, mon cher Euthydème, que je ne vous ai pas trompé si, content d'admirer les dieux dans leurs ouvrages, de les adorer, de les révérer, vous n'attendez pas qu'ils se manifestent visiblement à vos regards. C'est par leurs œuvres que les dieux se montrent aux mortels. Nous leur sommes redevables de tous les biens dont nous jouissons, mais ils ne paraissent pas à nos yeux pour nous les prodiguer. Le Dieu suprême, celui qui a fait et qui dirige le monde, ce monde en qui se réunissent tous les biens et toute la beauté ; le

Dieu qui, pour notre usage, maintient les œuvres de la création dans la fleur de la jeunesse et dans une vigueur toujours nouvelle ; qui les force d'obéir à ses ordres avec plus de promptitude que la pensée, et qui leur défend de s'égarer jamais ; ce Dieu se manifeste à nous par sa puissance, mais il ne se montre pas lui-même à nos yeux (1). »

Descartes écrit dans la quatrième partie du *Discours sur la méthode* : « Je pensai qu'il fallait que je rejetasse comme absolument faux tout ce en quoi je pourrais imaginer le moindre doute, afin de voir s'il ne me resterait pas après cela quelque chose en ma créance qui fut entièrement indubitable... Je me résolus de feindre que toutes les choses qui m'étaient entrées en l'esprit n'étaient non plus vraies que les illusions de mes songes. Mais aussitôt après, je pris garde que pendant que je voulais ainsi penser que tout était faux, il fallait nécessairement que moi, qui le pensais, fusse quelque chose, et remarquant que cette vérité : *je pense, donc je suis*, était si ferme et si

_____

(1) Voir la traduction des *Entretiens mémorables*, par Lévêque, édition de 1782, Didot.

assurée, que toutes les plus extravagantes suppositions des sceptiques n'étaient pas capables de l'ébranler, je jugeai que je pouvais la recevoir sans scrupule pour le premier principe de la philosophie que je cherchais.

« Puis examinant avec attention ce que j'étais et voyant que je pouvais feindre que je n'avais aucun corps et qu'il n'y avait ni aucun monde ni aucun lieu où je fusse, mais que je ne pouvais pas feindre pour cela que je n'étais point, et qu'au contraire, de cela même que je pensais à douter de la vérité des autres choses, il suivait très certainement que j'étais ;..... je connus de là que j'étais une substance dont toute l'essence ou la nature n'est que de penser..... en sorte que ce moi, c'est-à-dire l'âme par laquelle je suis ce que je suis, est entièrement distincte du corps, et même qu'elle est plus aisée à connaître que lui, et qu'encore qu'il ne fut point, elle ne laisserait pas d'être tout ce qu'elle est.

« Après cela je considérai, en général, ce qui est requis à une proposition pour être vraie et certaine, car, puisque je venais d'en trouver une que je savais être telle, je pensai que je devais aussi savoir en quoi consiste cette certitude. Et ayant remarqué qu'il n'y a rien du tout en ceci, *je pense, donc je suis*, qui m'assure que je dis la vérité, sinon que je vois que pour penser, il faut être, je jugeai que je pouvais prendre pour règle générale que les choses que nous concevons fort clairement et fort distinctement, sont toutes vraies, mais qu'il y a seulement quelque difficulté à bien remarquer quelles sont celles que nous concevons distinctement.

« Ensuite de quoi, faisant réflexion sur ce que je doutais, et que, par conséquent, mon être n'était pas tout parfait, car je voyais clairement que c'était une plus grande perfection de connaître que de douter, je m'avisai de chercher d'où j'avais appris à penser à quelque chose de plus parfait que je n'étais, et je connus évidemment que ce devait être de quelque nature qui fut, en effet, plus parfaite. Pour ce qui est des pensées que j'avais de plusieurs autres choses hors de moi, comme du ciel, de la terre, de la lumière, de la chaleur et de mille autres, je n'étais point tant en peine de savoir d'où elles venaient.... ; mais ce ne pouvait être le même de l'idée d'un être plus parfait que le mien..... je ne la pouvais tenir non plus de moi-même, de façon qu'il restait qu'elle eût été mise en moi par une nature qui fut véritablement plus parfaite que je n'étais, et même qui eut en soi toutes les perfections dont je pouvais avoir quelqu'idée, c'est-à-dire, pour m'expliquer en un mot, qui fut Dieu.....

« Je voulus chercher un instant d'autres vérités et, m'étant proposé l'objet des géomètres... je parcourus quelques-unes de leurs plus simples démonstrations, et ayant pris garde que cette grande certitude que tout le monde leur attribue n'est fondée que sur ce qu'on les conçoit évidemment suivant la règle que j'ai tantôt dite, je pris garde qu'il n'y avait rien du tout en elles qui m'assurât de l'existence de leur objet.. au lieu que, revenant à examiner l'idée que j'avais d'un être parfait, je trouvais que l'existence y était comprise... et que, par conséquent, il est au moins aussi certain que Dieu, qui est cet être si parfait, est ou existe, qu'aucune démonstration de géométrie le saurait être. Mais ce qui fait qu'il y en a plusieurs qui se persuadent qu'il y a de la difficulté à le connaitre et même à connaitre ce que c'est que leur âme, c'est qu'ils n'élèvent jamais leur esprit au-delà des choses sensibles et qu'ils sont tellement accoutumés à ne rien considérer qu'en l'imaginant, qui est une façon de penser particulière pour les choses matérielles, que tout ce qui n'est pas imaginable leur semble n'être pas intelligible. Ce qui est assez manifeste de ce que même des philosophes tiennent pour maxime dans les écoles, qu'il n'y a rien dans l'entendement qui n'ait été premièrement dans le sens, ou toutefois il est certain que les idées de Dieu et de l'âme n'ont jamais été, et il me semble que ceux qui veulent user de leur imagination pour les comprendre, font tout de même que si, pour ouïr les sons ou sentir les odeurs, ils voulaient se servir de leurs yeux ; sinon qu'il y a encore cette différence, que le sens de la vue ne nous assure pas mieux de la vérité de ces objets que font ceux de l'odorat et de l'ouïe, au lieu que ni notre imagination, ni nos sens ne nous sauraient jamais assurer d'aucune chose si notre entendement n'y intervient.

« Enfin, s'il y a encore des hommes qui ne soient pas assez persuadés de l'existence de Dieu et de leur âme par les raisons que j'ai apportées, je veux bien qu'ils sachent que

toutes les autres choses dont ils se pensent
peut-être plus assurés, comme d'avoir un corps
et qu'il y a des astres et une terre et choses
semblables, sont moins certaines...... et que
les meilleurs esprits y étudient tant qu'il leur
plaira, je ne crois pas qu'ils puissent donner
aucune raison qui soit suffisante pour ôter ce
doute s'ils ne présupposent l'existence de Dieu.
Car, premièrement, cela que j'ai tantôt pris pour
une règle, à savoir, que les choses que nous
concevons très clairement et très distinctement
sont toutes vraies, n'est assuré qu'à cause
que Dieu est ou existe et qu'il est un être
parfait, et que tout ce qui est en nous vient de
lui : d'où il suit que nos idées ou notions
étant des choses réelles qui viennent de Dieu
en tout ce en quoi elles sont claires et distinctes, ne peuvent en cela être que vraies.....
mais si nous ne savions point que tout
ce qui est en nous de réel et de vrai vient d'un
être parfait et infini, pour claires et distinctes
que fussent nos idées, nous n'aurions aucune
raison qui nous assurât qu'elles eussent la
perfection d'être vraies. »

L'homme se recueille et, regardant en lui-
même, il se comprend comme un être pensant.

2

Il se connait âme, son corps étant un accessoire indifférent à l'individualité consciente. Il
trouve en lui des idées dont il constate la vérité
indéniable, ainsi que des notions qu'il n'a pu
se donner, et il reporte ces pensées à un auteur
supérieur à lui. Il connaît Dieu principe de
toute vérité.

L'homme agit au dehors, les êtres et les
choses lui résistent ou appuient son action, il
connaît le monde et ses habitants. Il aperçoit
l'ordre et l'harmonie qui règnent en toutes
choses, il y trouve la preuve d'une intelligence
supérieure et directrice. Dieu lui apparaît une
seconde fois. Il voit en lui l'auteur et le conservateur de tous les êtres et de toutes les choses.

L'homme se reporte par la pensée à l'origine
des choses et du temps. Rien n'est organisé,
nul objet n'est distinct ; il ne saisit qu'une
masse de matière informe et confuse. Des
forces agitent cette cohue. Les unes tendent à
la séparer et les autres poussent à tout réunir.
Que ces forces aveugles soient livrées au hasard,
avec le temps, une seule triomphera : c'est la
séparation absolue ou la cohésion complète en
un bloc unique. Dans l'une comme dans l'autre
hypothèse, la vie est impossible. Il n'y a de

place pour quoi que ce soit de stable et d'individuel. Or, il y a des mondes et des êtres. Une
force intelligente et dominatrice a donc pré-
sidé à l'activité des forces physiques ainsi qu'à
l'agencement de la matière. Le seul fait de
l'organisation de l'univers témoigne ainsi
de l'existence de son auteur, et Dieu est attesté
par ses œuvres.

Ce n'est pas seulement parce qu'il a dû dominer les forces et organiser toutes choses, que
Dieu se révèle comme l'être suprême et nécessaire, il apparaît aussi comme le principe des
activités intelligentes et des lois qui les régissent.

Toutes trouvent en lui leur substance, leur
être, leur conservation et leurs règles de conduite. Sans cette unité d'origine et de soumission, elles seraient étrangères les unes aux
autres, elles ne se devraient rien et vague-
raient à l'aventure, privées de toute direction.
Elles ne sont sœurs, égales, solidaires et obéis-
santes à une vérité unique, que parce qu'elles
ont Dieu pour père et législateur commun.
De là ces sacrifices mutuels et cet amour des
uns pour les autres qui nous élèvent fraternel-
lement à la communion universelle et à la
paix dans le Seigneur notre père.

III

PATERNITÉ DIVINE. — FRATERNITÉ HUMAINE

Enfants du Dieu unique, tous les hommes sont frères. L'origine et l'avenir les font égaux. Partant du même état d'ignorance et de simplicité, ils arriveront tous au bonheur par la science et la vertu. Ceux qui peuplent la terre sont à cette heure à tous les degrès d'inégalité de connaissance et de moralité auxquels les a portés l'exercice plus ou moins énergique ou prolongé de leurs volontés diverses. Ils sont conviés à faire disparaître les différences transitoires : riches, en secourant les pauvres; sains de corps, en soignant les malades; forts, en soutenant les faibles, et tous, en poursuivant l'ignorance comme en relevant le vice et la misère. Eclairés par le passé, certains de l'avenir, l'adversité les trouvera sans faiblesse et le pouvoir sans orgueil. Ils sauront que l'élévation comme l'abaissement sont temporaires, tandis que le savoir et la vertu sont définitifs.

Tous les hommes sont égaux, chacun le dit ; mais le principe de cette égalité est-il connu et incontesté? Si l'homme n'est qu'un fait accidentel et sans cause ; s'il n'est qu'un agrégat fortuit de molécules unies au hasard ; s'il n'a ni individualité persistante, ni conscience lucide ; si, enfin, n'étant pas une âme, ses facultés intellectuelles ne sont que le produit périssable de forces matérielles plus ou moins heureusement agencées, l'inégalité actuelle est invincible et irrémédiable.

L'égalité des hommes tient à ce qu'ils sont issus de la même cause et formés de la même substance, dans les mêmes conditions et pour la même fin. Ils sont égaux parce qu'ils sont les créatures de Dieu, c'est-à-dire enfants du même père qui, leur ayant voué le même amour, leur assure les mêmes droits et leur assigne le même but au prix des mêmes travaux.

Les rapports des hommes entre eux et leur manière de vivre, dépendent de l'idée que chacun a de son origine et de l'auteur de son être.

Dieu est la vérité, la justice, la puissance, la bonté, la beauté, l'intelligence, la volonté, l'amour et la vie. Il est l'unique auteur et conservateur de tout, père de tous les hommes, formés afin que chacun d'eux le manifeste par les efforts progressifs de sa volonté vers le bien,

Imbus de cette pensée de l'unité d'origine et de soumission à une seule règle, les hommes se sentent liés entre eux et appelés à se prêter une aide mutuelle. Ils sont portés à s'aimer réciproquement, à se dévouer les uns pour les autres et à conserver dans leur famille unique la paix que le père commande à tous ses enfants.

L'homme ne saurait jamais faire abstraction de cette idée qu'il vit sous l'œil de Dieu, c'est-à-dire en face de toute justice. Il est tenu d'admettre la punition de tout mal et la récompense de tout bien, il doit comprendre que l'infaillible juge serait en défaut s'il omettait de frapper une seule faute et de récompenser un seul mérite.

Nulle faute n'échappe à la réparation et tout mérite est nécessairement pour l'être un progrès dans la vie.

Nul ne nomme Dieu son père sans accepter les autres hommes pour ses frères et témoigner de son désir de les aimer comme soi-même. Qui se dit fils du Dieu unique pense que tous les hommes ont l'identité de l'origine et celle de la conservation, ainsi que de la destinée. La conséquence forcée est qu'entre tous

ces frères substantiellement égaux, les inégalités sont passagères et tiennent à des accidents
de route.

Une communion intime dans la reconnaissance et l'amour est établie des fils au père,
des créatures au créateur ; mais si les fils
savent bien que le père qu'ils adorent est
immense dans sa bonté, ils ne sauraient se
dissimuler qu'il est inflexible dans sa justice.
Il faut également qu'ils reconnaissent que
toutes les individualités des mondes sont nées
de lui, et qu'étant en lui et conservées par lui,
elles jouissent des mêmes droits.

Nul ne doit compter sur aucune faveur ni
sur aucun privilège : ce n'est pas qu'il y ait des
bornes à la toute puissance, mais il y a incom-
patibilité entre elle et ce qui est anormal et
injuste.

Quand chacun aura compris que tous les
hommes vivent et sont conservés en Dieu, le
respect de la personnalité humaine, de celle des
autres comme de la sienne, et le soin de la dignité de tous auront dans chaque conscience la
même base inébranlable. Il n'y aura plus de
soumission aveugle à l'autorité de ceux qui
prétendraient parler au nom du père unique.

Directeurs et dirigés ne sont ni plus ni moins les uns que les autres. Nulle volonté ne doit être contrainte, nulle conduite ne doit être forcée : que les directeurs se fassent comprendre et accepter.

Cette simple croyance, que ceux que l'on dit infidèles vivent en Dieu, fera disparaître les barrières que la différence des cultes élève entre les hommes. La grande famille sera constituée par elle. Nul peuple ne saurait se dire honoré par privilège de la présence de Dieu sur ses autels. C'est blasphémer que de le prétendre : le père de tous les hommes est celui de tous les peuples.

Nul ne doit songer à formuler un désir sans avoir la pensée que son effort concourra au but poursuivi : aide-toi, le ciel t'aidera ; sans les œuvres, la demande est vaine.

La volonté de Dieu n'est pas contradictoire avec elle-même, nous ne pouvons, dès lors, obtenir le contraire de ce que prescrit la loi, ni solliciter en notre faveur l'iniquité envers d'autres. A-t-il à seconder les haines, à soutenir les convoitises ou à favoriser des actes illégitimes et mauvais dès qu'ils ne sont pas dirigés par la recherche de la justice ?

Implorez Dieu au lit d'un mourant, afin qu'il le fasse vivre, mais n'oubliez pas que si sa mort se trouve en rapport avec la logique des choses, elle est inévitable et que la demande ne saurait être suivie du résultat sollicité.

Qu'une mère n'obtienne pas de Dieu la vie de son enfant, ce n'est pas à dire que sa prière n'a pas été entendue. Pensez que cette mort a eu sa raison d'être, qu'elle a été la suite forcée de causes que nous ignorons, mais qui sont régies par les lois des êtres et, par conséquent, identiques aux volontés divines.

La vie, d'ailleurs, n'est pas toujours avantageuse et la mort toujours regrettable. Et quand cela serait, dès que telle mort est décidée, elle est juste et nécessaire. Loin d'accuser la justice de Dieu dont nous ne saurions apprécier les conditions, ni sa bonté dont nous sommes impuissants à connaître les ressources, disons-nous que si toujours il nous semble bon de retenir ceux qui partent, l'égoïsme des survivants seul demande que les autres restent quand, leur tâche étant remplie, leur mission est achevée, et que se produit une nouvelle phase de notre épreuve, celle de la séparation.

Disons-nous aussi qu'en tout cela, on oublie

à tort la continuité de la vie. Prétendre limiter la puissance de Dieu au temps présent et exiger satisfaction immédiate dans un lieu déterminé, c'est se flatter d'un résultat contre nature et impossible ; c'est penser à ce dont le désir même est déraisonnable.

Ce n'est pas quand les évènements sont arrivés ou menaçants, que l'homme doit élever son âme vers Dieu et implorer les puissances supérieures. Qu'en tout temps, au lieu d'aspirer au changement des effets d'une sagesse infinie, il invoque Dieu afin qu'il lui fasse comprendre ce qui est juste et légitime, qu'il lui inspire la résolution d'y conformer sa conduite, le soutienne dans sa résolution de suivre cette voie et favorise les efforts qu'il tente afin de s'y maintenir.

Ces bandits invoquant un saint, la madone et Dieu lui-même, afin d'obtenir la réussite de projets criminels dictés par leurs passions, commettent une abominable profanation. Il en est de même de ces croyants qui demandent à Dieu l'extermination des infidèles et le don de leurs dépouilles.

On doit tenir pour odieuses ces invocations de deux belligérants réclamant la victoire dont disposerait le dieu des armées. Le père des êtres ne peut, quoi qu'on dise, sanctionner des milliers de meurtres accomplis dans une bataille, l'incendie des villes et le ravage des campagnes.

La première parole de tous à Dieu, aussi bien que la dernière, doit être une action de grâce. Quelle que soit la manière rude ou facile dont la vie commence ou finit, nous devons l'en remercier, car toujours nous avons, à défaut de l'avantage du présent, que le passé commande, la perspective de l'avenir et le moyen d'en faire sortir notre bonheur.

Toute la vie doit être une incessante prière de pensée, de parole et d'acte, une demande de force pour l'accomplissement du pèlerinage et la conquête méritée d'une situation meilleure. Qui que nous soyons, placés dans un monde où nous rencontrons tant de douleurs et de misères, nous ne devons jamais demander à Dieu et nous ne saurions jamais en obtenir que la force de supporter bravement la vie que notre passé nous a faite. Nous devons lui rendre grâce de ce que nous sommes nés, fussions-nous les derniers des hommes, car nous sommes tels par notre fait, et il dépend de nous d'en devenir les premiers en étant les meilleurs. Rendons-lui grâces, par nos œuvres, de ce que nous ayant fait naître afin que nous le manifestions, il nous a fait renaître afin de nous fournir l'occasion de nous réhabiliter. Rendons-lui grâces de ce qu'il nous a donné l'idée de son existence ainsi que de notre filiation, et disons-lui, avec le désir de le lui prouver par nos actes, que nous voulons devenir des hommes vertueux. Il nous aidera dans la poursuite de ce but. C'est ainsi que nous l'atteindrons et qu'affranchis de la chair et heureux d'être acceptés par le père de la vie dans sa gloire, nous pourrons lui faire agréer nos sentiments de reconnaissance et d'amour.

IV

BUT DE LA VIE CORPORELLE

Éducation des personnes. — Développement des Sociétés. — Progrès individuel et social.

> Au sortir de l'acte divin qui lui donne la capacité de penser et d'agir, l'âme, qui n'a pu rien apprendre, ne sait rien encore. Elle est en demeure d'étudier tout ce qu'elle est appelée à connaître.

La vie a pour but l'accroissement de l'être, la marche de l'imparfait vers le parfait, de l'homme vers Dieu. Tels étant notre destinée et notre avenir, la vie doit s'accomplir et durer dans des conditions analogues aux conditions présentes, assez longtemps pour permettre à chacun de nous l'acquisition progressive des connaissances que nous sommes venus chercher en ce monde. C'est seulement après la conquête de ce premier résultat, que nous aurons droit à une vie plus facile et que nous pourrons nous avancer vers la vie réelle et complète due à ceux auxquels l'exercice de leur intelligence et de leur volonté procure toute la science et toute la vertu dont la créature est capable.

Autour de nous tout est transition, perfectionnement et continuité, cela nous conduit encore à penser que la vie doit être renouvelée dans ses conditions actuelles. La vie humaine, impossible en dehors de la société, a pour corrélatif la vie sociale, et celle-ci a pour conséquence l'amélioration des sociétés ; mais il est sensible que celles-ci ne sauraient être modifiées que par le changement des individus qui les composent, qu'autant que les sociétaires accroissent leurs connaissances et appliquent des principes de moralité.

La vie individuelle apparaît, dès lors, comme le moyen d'éducation des êtres intelligents marchant à la découverte et à la pratique du bien, comme le moyen à l'aide duquel ils se dirigent dans un intérêt commun, sous l'impulsion de la science, vers un but collectif marqué par le beau et le vrai.

La vie de chacun a pour objet l'avancement de chaque être humain, de même la vie collective a pour objet l'avancement de la civilisation.

Dans ce système, la mort ne saurait être

qu'un simulacre et produire autre chose qu'une
halte dans la vie corporelle, un changement
de forme par rapport à l'existence intellectuelle.
Rendons-nous compte du but de la vie personnelle comme de celui de la vie sociale, et
nous croirons, non pas à la vie future, mais à
l'unité de la vie, c'est-à-dire à la vie commencée dans le passé, continuant par le présent
et devant être suivie d'un avenir éternel.

Nous pouvons ne pas avoir conscience de
notre identité dans la vie nouvelle, sans que
cela empêche la continuité de la vie développée
d'après un mode nouveau qu'elle aurait disposé.
La perpétuation de l'ancienne individualité
dans la vie nouvelle, paraît interrompue par la
mort, mais elle ne saurait l'être en réalité, *car
le monde actuel, si plein de vices et de misères, ne
saurait être que la suite, l'héritage, la liquida-
tion et la mise en meilleur ordre du monde qui
l'a immédiatement précédé.* La réflexion conduit à reconnaître que les êtres du passé se
représentent sous la forme des êtres actuels,
et que, loin de rencontrer un obstacle dans la
fin des corps, la répétition des existences individuelles trouve, dans la mort apparente, sa
voie nécessaire.

La vie présente sert de trait d'union entre la vie passée et la vie future. L'une s'y poursuit et l'autre s'y prépare. Toutes trois sont liées dans le vivant. Elles réalisent, confondues dans chacun de nous, hier, aujourd'hui et demain.

Ces enfants qui nous semblent prodigieux par leur facilité pour comprendre et retenir ; ces hommes, dont la puissance intellectuelle nous confond, sont ceux qui, ayant le plus souvent ou le plus utilement recommencé la vie, ont le plus acquis par leur travail.

L'antériorité de la vie que démontrent les différences intellectuelles non moins que les souffrances auxquelles personne n'échappe, est rendue plus évidente encore par les diffé- rences morales, c'est-à-dire, le nom seul l'indique, par la diversité que révèle l'amélio- ration progressive des mœurs ou habitudes de chacun et de tous.

Arrivés à l'individualité, nous ne saurions retourner en arrière. Il faut que nous discer- nions la loi morale par l'intelligence et que nous la suivions par la volonté : chaque génération de ceux que nous disons nos ancêtres, vit au milieu de nous et par nous. Si cela n'était pas, comment s'accomplirait le progrès et pourquoi les derniers venus profiteraient-ils du travail de leurs prédécesseurs, sans *efforts et sans autre peine que celle d'être nés après eux*.

L'avancement successif des individus qui, par leur co-existence, constituent les agglomérations sociales, est le seul moyen de réaliser le progrès général. Celui-ci n'est que la conséquence de l'amélioration intellectuelle et morale de l'individu : impossible sans cette cause, il n'apparaît qu'autant qu'elle s'est elle-même produite.

Le Dieu de l'univers est un père miséricordieux. Il ne cesse pas d'abaisser sur ses enfants un regard de pitié. Il vient au secours des égarés afin que leur esprit, pénétré de la grandeur et de la perfection de sa nature, s'incline devant ses décrets.

Au moindre signe de repentance, il leur envoie l'apaisement et le pardon pour qu'ils jouissent de l'espérance au milieu des épreuves et des douleurs de la vie terrestre. Il délivre à tous l'abondance des consolations et les éclaire de plus en plus des rayons de sa justice, afin que, se sentant tous frères, ils se soutiennent les uns les autres.

Nous devrons par nos efforts et fidèles observateurs de la loi de notre auteur, amener le jour où, délivrés de toute idolâtrie, nous adorerons tous le même Dieu unique. Chacun, alors, affranchi de tout égoïsme, s'immolera pour tous et tous se sacrifieront à l'accomplissement du devoir.

Alors il n'y aura plus d'attachement aux biens périssables et des trésors seront amassés pour l'avenir éternel ; plus d'oisiveté, chacun s'arrangeant pour que nul ne soit dans le besoin ; plus de meurtre ni de guerre, tous s'aidant réciproquement et respectant les œuvres de notre père ; plus d'abandon aux instincts de l'animalité, chacun étant sobre au milieu des richesses mises à sa disposition ; plus d'asservissement de la pensée, tous luttant pour l'émancipation et le progrès, tous travaillant à l'alliance universelle des peuples et à la marche de l'humanité vers son auteur.

Nul ne niera le retour en un monde corporel, la récompense et la punition. Chacun songera à préparer pour lui et ses semblables, dans cette vie présente, des joies et des avantages pour celle qui doit suivre. Nul n'oubliera que la vie actuelle est la vie future par rapport à

celle qui l'a précédée et à celles antérieures, et
que nos peines, étant les produits de nos faits
passés, nous devons nous accuser seuls de la
vivacité de nos malheurs.

V

LA MORT EST UNE TRANSFORMATION

Les vivants sont des reparus.

> Dis plutôt, celui la vit qui s'est échappé des liens du corps où il était emprisonné ; ce que vous appelez la vie dans votre langage, c'est la mort.
>
> CICÉRON, *De la république*. Liv. 6.

> Je quitte la terre parce que ma peine étant subie, je ne devais pas souffrir plus longtemps, et que la Providence nous donne à tous selon nos œuvres.

L'hommage accordé aux morts, dans tous
les temps et chez tous les peuples, est une conséquence directe de l'intuition que chacun a
de leur survivance. Ce salut des passants au
convoi d'un inconnu, n'aurait pas de sens s'il
ne s'adressait à un vivant qui rentre dans la

patrie des âmes. Pour la plupart, nous sommes
très religieusement attachés au souvenir des
parents et des amis qui nous ont quittés. C'est
afin de garder notre amour à ces êtres eux-
mêmes, que nous portons notre vénération sur
ce qui les rappelle. Rendons-nous compte de
notre croyance : c'est à l'âme de ceux que mo-
mentanément nous ne voyons plus, que nous
portons nos vœux.

Se sachant immortel, l'homme n'a jamais
eu de culte réel pour les restes de la chair,
c'est-à-dire de ce qui, même pendant la vie,
n'est qu'un vêtement périssable et changeant.
Il l'a toujours adressé à l'âme survivante, sans
jamais le rendre à ce résidu sans forme que
contient le tombeau. L'humanité a refusé de
suivre ces rares vivants qui ont le malheur de
croire vivre entre deux néants, cette infime
minorité pensant que ce qui fut n'est plus : elle
a toujours voulu montrer que, pour elle, il y
avait persistance de la vie. Sa croyance la
conduira plus loin, car elle renferme cette
réalité, que ce qui sera est déjà, et que la vie
présente étant unie à la vie passée comme à la
vie future, le départ n'est que le prélude du
retour.

L'effroi causé par la sépulture dans l'intérieur des villes, les craintes que soulève l'extension considérable des lieux qui lui sont consacrés, le délabrement des tombes après deux ou trois générations, ainsi que la faveur des projets d'incinération, tout annonce que l'humanité est prête à formuler hautement sa conclusion. Elle n'entend ni substituer une urne à un tombeau, ni admettre un lien d'affection entre le survivant et une chose qui, n'ayant rien de vivant, n'est pas l'être chéri dont le départ vous afflige et le rappelle seulement comme la maison qu'il a bâtie, le champ qu'il a cultivé, l'enfant qui lui succède et les êtres auxquels il s'est attaché.

Il n'y a qu'un véritable culte des morts, c'est celui fondé sur la pensée que le vivant, parti de la terre, peut se rapprocher de celui qui l'habite encore.

Gardons-nous de dire qu'il soit permis de profaner le corps. Il faut, au contraire, en vue de celui qui l'animait et dont il fut la représentation visible, le mettre à l'abri de toute souillure même ultérieure. On n'en tolère pas le séjour prolongé dans la maison mortuaire par respect pour celui qui vient de le quitter.

C'est ce dernier sentiment qui bientôt inspirera tous les actes des vivants à l'égard de la matière humaine. Elle sera livrée à la terre d'où elle est sortie, afin qu'elle y soit anéantie à l'abri de toute recherche dans la suite des âges.

L'humanité réclame le même traitement pour tous les morts, non parce qu'aujourd'hui les pauvres sont tous traités d'une semblable façon, mais parce que, devant la cessation de la vie corporelle, tous les vivants doivent communier dans le sentiment de l'égalité substantielle des âmes. Les distinctions séculières ne sauraient servir à caractériser l'individualité de celui qui sort de notre monde, et le spectacle de l'interruption du mode actuel de la vie doit éteindre en nous toute pensée de ces différences terrestres désormais sans objet.

Il faut la sépulture uniforme pour tous, mais à la condition de la rendre aussi décente que possible. Reconnaissons d'abord que la mort nous rend à l'égalité, il nous sera plus facile d'admettre, dans la vie, que nous sommes égaux et frères. Quand personne ne songe à aller chercher sous la pierre celui qui n'y gît point, chacun peut venir au lieu de la sépulture commune s'inspirer du sentiment de fraternité qui doit unir tous les membres de la famille humaine.

Enterrons nos morts sous des plantations qui deviendraient séculaires. Ils seront de la sorte à l'abri de tout outrage, et la terre, de laquelle nous vient notre corps, l'aura repris tout entier avant que nos successeurs aient à utiliser le terrain où l'œuvre complète de la destruction charnelle se serait accomplie. Critiquer cette formation de bois sacrés de la mort, ce serait méconnaître la pensée de pieux respect qui fait demander leur établissement.

Si ce n'est assez, reprenons l'usage antique et bordons nos promenades et nos routes de monuments élevés par la piété du public ou des familles et destinés à raviver le souvenir de ceux qui ont mérité la reconnaissance du pays ou celle de leurs parents.

VI

LA PERSONNALITÉ DANS LA VIE EXTRA-TERRESTRE

L'enfance, l'âge mûr et la vieillesse, c'est-à-dire la croissance, l'équilibre et le déclin, ces phases d'une existence corporelle, sont dissemblables, à tel point qu'elles paraissent appartenir à des personnalités différentes, et, néanmoins, elles sont étroitement et mystérieusement fondues en chacun de nous, distinct de tout autre.

Ces génies qui ont rempli la terre du bruit de leurs noms, furent enfants. Un grand homme peut-être accablé par l'âge et arriver à la débilité sénile. Est-ce toujours lui ? Eh bien, entre cette personnalité de l'enfant qui s'ignorait et celle du vieillard qui s'est oublié, laquelle choisissez-vous, laquelle voulez-vous absolument conserver pour la retrouver indéfiniment dans la vie future ? Ni l'une ni l'autre, certainement.

Il y a aussi l'époque de la virilité, celle où la vie est dans toute sa puissance ; voilà, sans doute, le point auquel vous voudriez arrêter la vie à perpétuer. Il vous siérait qu'on demeurât éternellement jeune et fort ; mais cette époque moyenne ne saurait subsister sans qu'il y ait en même temps conservation de ce qui se serait arrêté à l'enfance ou de ce qui aurait persisté jusqu'à la vieillesse. Comment improviser l'avenir de ceux qui ne furent qu'enfants,

comment ressaisir en arrière la forme évanouie
des vieillards ? Il ne se peut donc pas que l'être
qui survit porte indéfiniment le fardeau d'une
forme accidentelle. C'est qu'effectivement le
corps ne constitue pas la substance de la vie
humaine, il en est l'extérieur.

La vie est toute dans l'âme, et celle-ci, dis-
parue à nos sens, vit intacte, ni enfant, ni
homme, ni vieillard, prête à recommencer en
temps opportun une vie terrestre. Ne faut-il
pas qu'elle poursuive sa marche vers l'État
supérieur qui est son but, et prenne sa part de
l'œuvre collective que doit accomplir notre
humanité, perfectible parce que chacun de
nous avance par l'exemple, comme par son
travail propre.

Les âmes jouissent d'une vie réelle et, loin
d'être séparées de notre monde, elles exercent
sur nous une influence mystérieuse et occulte
mais positive. Elles peuvent même, en se mon-
trant à nous, ainsi que l'histoire en fournit
assez d'exemples, nous faire comprendre de
quelle forme notre être s'enveloppera au sortir
de notre corps matériel. .

Dans un prochain avenir, le monde invisible
sera conçu par tous comme uniquement com-

posé d'êtres humains se trouvant à tous les
états d'avancement ou d'infériorité et pouvant
se distinguer présentement par l'apparence de
la dernière des formes qui les ont caractérisés
parmi les hommes corporels, sauf à en prendre
une nouvelle à la suite d'un nouveau séjour sur
terre.

Ceux qui agissent sur les vivants, ce sont
d'autres vivants qui existent parfaitement et
que l'on ne saurait fuir. Quant à ceux qui
vous tourmentent, il faut les écarter et les
éloigner de soi tant par l'énergie de la volonté
que par l'application au travail. Ce sont ceux qui
ont mal vécu sur terre et que leurs vices continuent de dominer ; mais il y a près d'eux des
êtres que les vertus enflamment. Ils vivent les
uns et les autres à côté des hommes. Si la
terre est une habitation indigne des plus élevés,
elle est le séjour naturel des autres. Hier ils
étaient nos compagnons et demain ils revivront
parmi nous.

VII

LE CORPS ÉTANT MORT, L'ÊTRE INTELLIGENT SURVIT AVEC SES FACULTÉS ET SA CONSCIENCE

Telle science prouve que le corps de l'homme n'est pas autre que celui de l'animal. Telle autre démontre que le principe intelligent en vertu duquel l'homme se conduit, n'est pas identique à celui qui fait mouvoir et agir l'animal, et qu'il possède d'autres facultés que ce dernier.

Donc, suivant la science, l'âme raisonnable est l'hôte et non le dérivé du corps : elle en est indépendante.

Un homme est mort, son corps seul est anéanti. Vous ne le voyez plus en tant que personnalité vivant de la vie sensible, vous n'apercevez pas la substance qui constitue l'individualité ; l'âme échappe à vos sens, mais elle vit, elle se recueille et bientôt elle reprendra son œuvre au point où elle l'a laissée. Il faut que le travail commencé soit accompli tout entier, et ce n'est pas pour ce qu'elle a pu faire dans une vie de quelques jours qu'elle a été créée et réunie à un corps humain.

Enfants, nous vivons à côté de nos pères et nous profitons de leurs exemples ainsi que de leurs leçons. Nous ajoutons leurs connaissances aux nôtres. Il faut qu'eux-mêmes, à leur tour, profitent de nos travaux auxquels ils joindront le fruit de nouveaux labeurs, et qu'il y ait entre les générations un échange réciproque et continu d'exemples et de bienfaits. Il y a une œuvre collective aussi bien qu'une œuvre individuelle à accomplir : l'une et l'autre doivent être exécutées.

Jugez impartialement toutes ces âmes qui partent et, sauf à l'égard d'un très petit nombre, la sentence sera que pour chacune d'elles comme pour le monde, le résultat de la vie est imperceptible. Dès lors, et le but utile de l'existence ne pouvant être nié, il y aura nécessité de conclure du peu de succès de la vie présente, que la besogne est à reprendre et que la carrière doit être rouverte pour une nouvelle tentative.

VIII

LA MORT NOUS LAISSE NOS PENSÉES, NOS SENTIMENTS ET NOS GOUTS

> Travaillez non pour la nourriture qui périt, mais afin de vous approprier celle qui demeure pendant la vie éternelle.
> St Jean, chap. 6, v. 26.

La persistance de notre être emporte pour

un temps celle de nos idées et la conscience de nos actes. Hélas ! il faut que nous acceptions la survie momentanée de ce que nous voudrions oublier dès la vie présente.

Les idées que nous avons lors du départ, nous les avons le lendemain, et nous ne saurions les quitter immédiatement. Nous restons dans l'état d'infirmité, quant à la science et à la sagesse qui est le nôtre.

La mort a modifié la forme et non l'être.

Quelle clarté soudaine nous aurait donc permis de tout connaître au sortir de la chair, et à quoi bon le passage dans une grossière enveloppe, s'il suffisait d'en sortir pour tout savoir et tout comprendre. Jamais la science ne vient sans peine, il faut l'acquérir par son travail.

On n'emporte que la récolte faite. On n'est orné que de l'impérissable.

On se retrouve ce que l'on s'est fait. Notre volonté seule peut nous changer. Les connaissances intellectuelles et les habitudes vertueuses restent dans notre substance modelée selon la pratique du vrai et du bien qui nous a été familière. De même l'ignorance, les vices et la dépravation persistent en ceux qui s'y sont abandonnés. Et ces enfants qui n'ont rien pu faire, ces adultes qui n'ont rien voulu faire et ceux qui ont mal fait, il n'y a point de rôle possible pour eux dans la vie future incorporelle : ce qu'ils n'ont pas opéré, la tâche qu'ils n'ont pas accomplie reste donc à leur charge pour une autre vie, terrestre comme celle qu'ils ont laissé perdre.

Cherchez bien et montrez-moi sur la terre un homme, un seul, un enfant à l'état de sainte ignorance et de naïve simplicité tel que vous pouvez vous représenter celui de l'être au sortir de la conscience immaculée de son auteur.

Est-ce hier qu'il est émergé de la pure volonté du père des âmes, cet horrible enfant dont la perversité vous effraie ? Assurément non ; pas plus que ne viennent de naître à la vie intellectuelle, ce musicien enchanteur, ce poète merveilleux qui, dès leurs premiers chants et leurs premiers vers, n'ont pas connu de rivaux ; pas plus que ce jeune mathématicien pour lequel les problèmes les plus difficiles de nos sciences ne sont qu'un jeu.

Rien ne vous autorise à penser que ces êtres soient exceptionnels. Ils profitent tout simplement, dans cette vie actuelle qui, par rapport au passé, est une vie renouvelée, de l'acquis intellectuel de leurs existences précédentes.

Chacun dans son actualité porte la peine de ses méfaits antérieurs, ou reçoit la récompense de ses actes vertueux et de ses efforts.

------∿∿●∿∿------

IX

CONSCIENCE MONITRICE

> Séparé du corps, l'esprit retient ces souvenirs consolateurs ou funestes. Pour l'être pervers, c'est un châtiment ; pour les forts et les justes, c'est le conseil et l'agrandissement. Le remords prend des formes diverses toutes dessinées sur les tablettes de la mémoire, et le bienfait de l'espérance n'existe pas pour les malheureux qu'absorbent la vision du crime et la crainte des représailles.
>
> **X.**

La voix de la conscience a dicté le devoir en lui attachant un caractère obligatoire. Souvent sa puissance en impose l'accomplissement et toujours elle obtient de celui qui se dérobe à l'exécution, l'aveu de son tort.

Notre devoir accompli, nous savons que nous avons obéi à un commandement et nous en éprouvons de la satisfaction ; notre devoir méconnu, nous nous sentons et avouons coupables.

Tel est le fait que nul ne contredit : une fois le devoir constaté dans la conscience avec la force impérative qui lui est propre, celui qui obéit se considère comme libéré, celui, au contraire, qui refuse de se soumettre, connaît sa faute et songe à sa dette.

Il est facile de comprendre pourquoi il en est ainsi. La voix entendue dans le for intérieur est acceptée comme contenant un ordre et douée d'un pouvoir coercitif, parce qu'elle est connue comme étant un écho de la voix du créateur du libre arbitre, de la raison vivante, du juge suprême de la vie humaine.

Il n'est logiquement permis à personne de méconnaître que le propre d'une loi soit d'avoir une sanction nécessaire et inévitable, et, par suite, il n'est plus loisible à qui reconnaît l'existence de la loi, de lui refuser l'obéissance qui lui est due. La cause admise, l'effet est fatal. La loi étant, le résultat est nécessaire ; s'il n'est pas volontaire, il sera forcé ; s'il n'est pas immédiat, il arrivera à son heure.

Il faut qu'il soit affirmé, au nom de la raison, que l'homme obéit à des ordres supérieurs les mêmes pour tous, et que, chacun en s'observant, trouve écrits en soi. C'est un fait : tout homme constate en lui-même la règle qu'il doit suivre et l'y trouve avec son caractère impératif.

S'il a lésé injustement autrui ou s'il n'a pas secouru son semblable en danger, l'homme sait qu'il a enfreint une règle positive à laquelle il aurait dû se conformer, il sait qu'il a méconnu l'avertissement qui lui venait du maître suprême, il se sait coupable.

Ce fait est la preuve de la sanction attachée à la loi divine. C'est le commencement de l'obéissance, elle deviendra complète et, avec le perfectionnement de la vie, l'âme humaine appréciera elle-même ses erreurs et ses fautes. Elle donnera à la loi morale, ainsi qu'à toute autre, sa sanction, sachant qu'elle a, en tant que principe, une conséquence nécessaire et immanquable.

On croit au tourment du remords : on le ressent trop profondément pour en douter.

Dans ses songes et dans ses veilles, le coupable voit du sang et des victimes. Rien de cela n'est devant ses yeux. Où donc est-il ce passé terrible qui lui rend le présent si sombre et si lugubre ? Dans son imagination, c'est-à-dire en lui-même : tout cela est en lui. Le crime qu'il a commis s'est gravé dans son cœur, et il sent bien, quoiqu'on lui dise, qu'il paraîtra devant la justice de Dieu portant en soi son forfait. Le remords est le commencement de la peine, comme le repentir est le préliminaire de la réhabilitation : il est une réalité vivante en nous.

Il en est de même des joies de notre conscience satisfaite : nous nous sentons meilleurs, nous nous trouvons ravivés et presque ressuscités dans une bonne action.

Doux et glorieux souvenirs, cuisants regrets, poignants remords, vous persistez au même titre : si les uns sont notre ciel, les autres sont notre enfer. Vous commencez notre récompense et notre peine, heureux quand les derniers disparaissent pour ne nous laisser que le désir et l'habitude du bien. Alors seulement ceux d'entre nous auxquels notre père aura pardonné leur ingratitude, pourront entrer dans les demeures qui leur auront été préparées et se réunir à ceux de nos frères dont aucune souillure n'aura terni le passé.

Le mal est une cause produisant un effet

certain, c'est-à-dire une peine, comme le bien est une cause dont l'effet nécessaire est une récompense.

La raison absolue s'exerce par les lois immuables de l'ordre universel : la justice inévitable rend ses arrêts par la logique même des choses et fait que l'âme humaine se punit elle-même par le jeu seul des forces morales inhérentes à sa nature.

X

LE MAL EST ŒUVRE HUMAINE. IL DOIT ÊTRE RÉPARÉ PAR QUI L'A FAIT. IL FINIRA

Comme si la source du mal se confondait avec la source du bien; comme si Dieu avait engendré la souffrance avant que l'homme n'eût engendré le péché ; comme si, dans son infinie bonté, il n'aspirait pas à voir toutes ses créatures s'élever à lui dans l'innocence et la béatitude; comme si, dans son infinie puissance, tout en leur donnant la liberté, il ne leur avait pas assuré la possibilité de se perfectionner sans sortir du bien.

.....Le mal peut naître, puisqu'en appelant les créatures elles-mêmes, dès leurs premiers pas, à l'œuvre de leur développement, la Providence les expose à la chance de s'égarer, mais rien de ce qui peut servir à les ramener sans porter atteinte aux lois fondamen-

Si la vie terrestre était unique, il faudrait
qu'il y eût un monde où se réuniraient indéfiniment les bandits liés à tout jamais à leurs
consciences criminelles et immuables. Il n'est
personne à qui l'existence d'une pareille
résidence apparaisse comme possible. Il faut
donc, par contre, admettre qu'un monde charnel
est le lieu où les plus malfaisants seront
appelés à marcher vers le bien.

Dieu est la perfection, mais tous les êtres
imparfaits vivent de la vie qu'il leur communi-
que. Bons et méchants, tous sont en lui, et il
fait servir tous leurs actes à l'accomplissement
de ses desseins.

Dieu peut être le type du bien absolu, tandis
que le mal ne saurait venir de lui. Il le tolère
parce qu'il est une conséquence de l'activité
qu'il a prescrite aux vivants. Le mal n'a pas
d'existence nécessaire, il est l'accident de la
route ouverte devant la créature finie Il est
l'œuvre de ceux qui manquent leur but, c'est-
à-dire le bien. Mais puisque les hommes

existent dans le sein de Dieu et qu'ils parti-
cipent ainsi de la vie parfaite, cette participa-
tion, indiquée chez les justes par le sentiment
et la volonté du progrès vers la perfection,
c'est-à-dire par une tendance constante vers le
mieux, se produira, chez ceux qui on failli, par
le désir de plus en plus efficace d'éviter le
mal et de retrouver la voie du bien. Ils
s'efforceront de rejeter autant que possible,
dans leur passé, ce qui les tient éloignés de
Dieu, et d'acquérir, pour leur avenir, tout ce
qui peut les en rapprocher. Ils feront effort
pour sortir de l'état de révolte né de l'égoïsme
et rentrer dans l'état d'association et d'harmonie. Concevez-vous une réunion de criminels où, dès l'origine de la terre, chacun aurait
apporté sa méchanceté, et où cette tourbe qui
s'y entasserait sans cesse, l'y garderait à
tout jamais. Il ne se peut qu'une telle population
existe et, par suite, il est de nécessité que ceux
qui furent coupables s'amendent et redeviennent
des êtres sociables.

Si les temps où notre raison fut dominée
par l'ignorance et les passions nous sont
rappelés, que ce soit seulement afin que nous
comprenions l'horreur des excès antérieurs

et que nous nous pénétrions d'indulgence pour ceux qui s'y livreraient encore.

Le passage sur la terre étant une des conditions de l'accomplissement du but de la vie, l'ascension de l'homme créé vers Dieu créateur, ce voyage doit être renouvelé afin de permettre l'abandon au passé de tout penchant rétrograde et l'acquisition pour l'avenir de toute aspiration progressive. Nous devons répudier tous les vices de notre passé et, aussi bien que ceux qui auront évité le mal, nous devons acquérir toute la science et toute la vertu possibles. Que pour cela chacun renonce à une portion de soi-même : ce que l'on doit vaincre, ce sont les idées, les goûts, les passions, les habitudes qui, nous retenant dans la révolte, nous éloignent du progrès de la vie; ce sont les défauts que nous rapportons sur la terre faute de nous en être délivrés et dont il est temps que nous nous débarrassions. Les souillures de l'âme subsistent après la mort, elles nous suivent au retour, et seuls de puissants moyens sont capables de les effacer.

Jugeons-nous loyalement, et après avoir répudié cette personnalité mauvaise que chacun aurait honte de conserver, considérons combien est petite la part digne de survivance,

Tous, et ceux-là même qui prétendent le contraire, nous avons foi dans la bonté parfaite de Dieu à l'égard des enfants qu'il s'est donnés et nous croyons fermement qu'après nous avoir inspiré de la répulsion pour ce qui nous éloigne de lui et de l'attrait pour ce qui nous en rapproche, il nous tient compte du double jugement de notre conscience, favorisant la réprobation que nous ressentons pour le mal, comme la recherche que nous faisons du bien. Comment ne pas admettre cette conséquence forcée, que sa justice inévitable, mais patiente, nous donne indéfiniment le moyen d'accroître les qualités dignes d'être perpétuées, c'est-à-dire avec le pardon jusqu'à l'oubli du mal réparé, la récompense du bien jusqu'au pouvoir de l'accomplir éternellement.

Vertu et bonheur sont identiques dans les mondes d'innocence ou de perfection, poursuite immédiate de la vertu et bonheur futur, telle est la condition méritée de l'humanité terrestre.

Homme, il ne tient qu'à toi que le mal n'ait plus qu'un temps sur la terre et qu'il disparaisse avec l'iniquité qui l'engendre.

Etudie ce qu'est le mal en lui même. Dès que tu sauras d'où il provient et comment il agit, sa puissance sur toi sera détruite. Il ne se maintient qu'à l'aide d'une illusion trompeuse. Il n'a de prise sur toi qu'en t'égarant ; il se donne pour ce qu'il n'est pas, et fait briller devant toi de vains mirages qui fuient incessamment. Il est facile d'acquérir la conviction de cette inanité. (45e triade des bardes de l'île de Bretagne.)

XI

ESPÉRANCE DE BONHEUR EN REGARD DE LA RÉALITÉ TERRESTRE

> La terre est un lieu de souffrance; l'homme y est, en définitive, aux travaux forcés... Comment donc expliquer tant de dureté, puisqu'on ne peut mettre en doute ni la toute puissance, ni la bonté de l'auteur du monde.
>
> .... Trouvez, en effet, si vous le pouvez, ailleurs que dans une faute antérieure la clef des conditions de la terre.
>
> Jean REYNAUD, *Ciel et Terre,* p. 13 et 161.

L'homme ne se sent pas digne d'une situation meilleure et cependant il la désire. Aussi la croyance se répand de plus en plus qu'entre la terre du présent et la demeure de l'idéal, il existe un séjour dans lequel chacun s'y prépare. Expression de la foi au progrès, cette croyance aboutit facilement à celle de la vie continue.

Il s'agit d'une période d'épreuve, d'amélioration et de marche en avant ; mais, de toute nécessité, cette vie intermédiaire doit se passer dans des conditions analogues à celles de la vie actuelle. *Par suite et en définitive, elle est la simple perpétuation de l'individu et de ses frères semblables à lui, réunis pour qu'ils accomplissent ensemble leur travail d'amendement et de progrès.*

Après avoir reconnu qu'il y a un lieu qui sépare le ciel de l'enfer, qu'il y a une vie distincte de la béatitude que vous espérez infinie, et de la pénalité que vous avez cessé d'admettre éternelle, vous devrez penser que cette vie ne saurait être autre chose qu'une vie corporelle et terrestre, imparfaite mais progressive, expiation de l'inaccomplissement du devoir et acheminement vers la cité des justes, ce qui revient à croire qu'une seule existence en ce monde ne suffisant point au développement de l'âme, la vie terrestre ne saurait être unique, que l'enfer est l'infériorité des situations morales sur la terre et dans les mondes semblables, c'est-à-dire inférieurs et d'expiation, et que le purgatoire est la vie matérielle renouvelée pour l'amélioration, tandis que le paradis est l'habitation dans les mondes perfectionnés, séjour des sages, des bons et des supérieurs.

L'enfer, le purgatoire et le paradis figurent la vie toujours progressive, mais mauvaise, meilleure et bonne, et symbolisent le développement successif et continu de notre destinée, c'est-à-dire la triple phase de lutte difficile, de travail et de récompense que doit parcourir un être intelligent et responsable un moment sorti de la voie du juste et du vrai.

Homme de la terre, regardes en toi-même, sondes ta conscience et confesses la vérité : tu ne te sens pas assez neuf pour reporter au moment de ta sortie des flancs maternels l'aurore de ta vie intellectuelle; tu ne te connais pas l'innocence de l'être que forment immaculé les mains paternelles de son auteur; tu ne te comprends pas comme émergé naguère de la raison divine dont tu viendrais de recevoir, avec la puissance de penser, celle d'agir; tu sais que tu n'accomplis pas tes premiers actes à la suite de tes premières réflexions; tu juges que tu es un revenant et que tu devras revenir encore.

----·-·-·----

XII

Les habitants de la terre sont des condamnés.

Amélioration immédiate ou lointaine, mais forcée.

> Si nous avons un excès de mérites, nous renaissons bien et heureusement : au cas contraire, notre réincarnation ultérieure est tourmentée.
> *Le Sage des Sakyas.*

> Les fautes antérieures préparent la vie choisie par l'être ici-bas.
> PYTHAGORE.

> Je vous dis que vous ne sortirez pas de la prison avant que vous n'ayez payé jusqu'à la dernière obole.
> JÉSUS.
> St Mathieu, chap. 5, v. 26.
> St Luc, chap. 12, v. 59.

> C'est ainsi que ceux qui restent mauvais sont envoyés sur des planètes plus ou moins inférieures et subissent des incarnations plus ou moins matérielles et pénibles.
> X. cité par M. ROUSTAING.

Examinons chacun isolément et nous verrons qu'il n'est pas un être dont les premières pensées commandent les premiers actes.

Examinons l'ensemble, comparons-nous les uns avec les autres et nous observerons d'évidentes inégalités intellectuelles. Nous serons obligés de convenir qu'elles constituent des différences antérieures à la naissance.

Regardons la vie de près, elle est ainsi faite qu'on y sent partout une souffrance permanente souvent atroce et toujours inévitable, c'est-à-dire présentant un caractère certain de pénalité.

Nous sommes, on l'a dit, des repris de la justice de Dieu.

Races et individus, tout est soumis à la souffrance partout et toujours. Il n'y a de différence que dans le degré. Il y a une similitude parfaite dans l'impuissance d'y échapper.

Qui décrira les souffrances de tout genre au milieu desquelles s'est accomplie la destruction parricide de vingt races humaines, cette extermination de tant de peuples divers s'immolant les uns les autres, cette antropophagie des peuplades sauvages n'absorbant les plus faibles que pour tomber sous le feu, le fer et le poison des nations dites civilisées.

Ombres des hommes de l'âge de pierre,

parlez-nous des horreurs de vos luttes journalières; ombres des peuples oubliés, contez-nous
vos barbaries; ombres des Astèques, des Incas,
des Scioux, des Osages, des Mohicans et des
Natchez, dites-nous vos martyres. N'est-ce pas
châtiment que de naître sur cette terre, soumis
à toutes les difficultés qui proviennent de la
variété des saisons et de leur rigueur ? que
de naître, l'heure et les conditions eussent-elles
été choisies, pour subir tous les maux
inhérents à l'organisation imparfaite du corps
humain ? que de souffrir dès la plus tendre
enfance ces maladies du corps qui ont plus de
noms que la vie la plus longue n'a de jours ?
que d'être en proie à ces accidents inévitables
qui nous privent, nous vivants, d'un de ces
sens bornés dont la réunion est cependant la
condition nécessaire d'une existence à peine
supportable ?

Demandons à nos demeures le secret de leurs
douleurs. Pourquoi des aveugles, des muets,
des sourds et des infirmes impotents qui
traînent avec peine un reste d'existence, impuissants à vivre et à mourir ?

N'est-ce pas châtiment que cet emprisonne-
ment d'une âme, d'une intelligence dans un

corps crétin, idiot ou paralysé, lequel, résistant
à l'impulsion, produit des actes désavoués
par la raison ? que de dépendre de tous par
l'enfance et la vieillesse, ces deux maladies
organiques qui nous prennent les deux tiers
de notre vie ? que de paraltre dans tel ou tel
pays soumis à des lois qui nous oppriment ?
que d'être classé dans telle ou telle catégorie
supérieure, moyenne ou subalterne, dans un
monde tout fait, où les uns s'appellent grands
pour être exposés à la haine et aux attentats
des inférieurs, et les autres petits pour être
victimes de l'oppression des grands, sans
qu'il y ait entre eux rien de commun que la
maladie, la douleur et la mort ? que d'aspirer
follement à une égalité impossible des conditions, égalité tellement impraticable que si
l'utopiste la créait une minute, elle serait à
l'instant même détruite par la différence des
aptitudes, des passions et des volontés ?

N'est-ce pas châtiment que d'endurer ces
misères de la condition sociale, auxquelles
l'un n'échappe qu'au détriment d'un autre ;
de poursuivre un métier horrible et cependant
nécessaire pour ces milliers d'hommes meu-
rant de défaillance, de faim, de froid et de

nudité ; de pénétrer le pic à la main dans les entrailles de la terre, d'amollir le sol à force de bras, de semer par la pluie et de moissonner sous les feux de la canicule ; d'assommer sans haine des animaux dont on dépèce les chairs palpitantes, de ne pouvoir vivre sans dévorer et, subissant la loi du talion, d'être livré en pâture au plus vil des reptiles ?

N'est-ce pas être châtié que d'être torturé moralement par ces myriades de douleurs qui nous poignent depuis que nous avons la puissance de sentir, c'est-à-dire de souffrir ? Peines de l'être aimant qui s'attache et se déchire à chaque déchirement d'un autre cœur ! Peines de la femme qui adhère à l'homme comme la chair aux os ! Peines de l'époux qui voit sécher sur son sein la compagne dans laquelle il a mis toutes ses complaisances ! Peines de la mère qui voit son enfant dépérir sous sa mamelle pleine du lait qu'elle répand à terre parce que la bouche mourante se détourne de la coupe d'amour ! Peines du fils qui se voit enlever le père fort ou la mère jeune qui lui ont communiqué la vie ?

N'y a t-il pas châtiment partout et toujours ?

châtiment pour le crime qui se frappe lui-même
et dont le remords est le premier bourreau ;
qui peut tuer des milliers de victimes mais qui
ne peut tuer son propre supplice ! Pour le vice
qui se punit lui-même en se satisfaisant !
Pour la vertu qui se sent honnie et persécutée
sur la terre et qui n'a d'autre récompense que
la calomnie et d'autre consolation que la voix
faible et lointaine de la conscience qui lui
parle bas, comme une voix qu'on discerne à
peine.

N'y a t-il pas châtiment pour l'âme qui est
condamnée au doute, alors qu'elle ne peut
vivre que de foi, et qui est obligée de passer
par les ténèbres de l'existence entre l'incerti-
tude et le désespoir ?

Enfin tout est tellement punition, châtiment
et supplice, que la seule et plus définitive vertu
que nous ayons pu inventer ici-bas, c'est la
compassion réciproque, l'assistance mutuelle,
la pitié active, la charité de main et de cœur,
et que sans cette vertu, personnifiée dans des
êtres dévoués, ce monde serait inhabitable et
la vie une peine trop rigoureuse pour les plus
grands coupables.

On a cru qu'il fallait placer ailleurs un enfer,

c'est une des plus inutiles conceptions ; il n'y
en avait que trop en nous et autour de nous.

Soyons sincères : avec un pareil monde et
de tels habitants, *il n'y a pas à chercher l'amélioration ailleurs que dans le cœur de chaque
homme*, et ce qu'il faut recommander à chacun
de nous, *c'est la soumission, le repentir et
l'ardeur au travail.*

Le bonheur est pour d'autres mondes,
*l'expiation est et sera, pendant des siècles encore,
le partage de celui-ci.*

Ne disons pas que la révolte est permise
contre la nature ou la société, c'est nous
tromper ; la société est le résultat de nos
erreurs passées, et quant à la nature, elle est
la force matérielle qui a été mise en obstacle
à notre intelligence et à notre volonté pour
l'accomplissement de notre mission, c'est-à-
dire de notre peine.

Ce que nous avons été, ce que nous sommes
plus ou moins, *sauf quelques rares initiateurs
qui s'immolent pour nous et nous suivent au
milieu de nos tourments mérités*, disons-le
hardiment, nous sommes ou nous avons été
*des révoltés contre Dieu. Nous irriter, nous
débattre contre notre situation, c'est prouver que*

nous sommes restés ce que nous nous étions faits :
des méchants.

Condamnés à souffrir, nous bravons le châtiment, et notre situation ne peut qu'en être
aggravée.

Les hommes, depuis des siècles, emploient
leur liberté à s'insurger. Imitons l'exemple de
quelques-uns : *intelligents, sages et justes d'hier,*
reconnaissons l'inutilité de la lutte et humi-
lions-nous devant *la peine qui nous a justement*
atteints.

Cette puissance *invincible* et souveraine que
les hommes refusent orgueilleusement d'avouer,
son nom est écrit partout. En vain nous le
dissimulons sous celui *de force des choses,*
l'univers nous crie : c'est Dieu lui-même
châtiant les coupables, c'est la loi même de la
vie forçant la créature à réparer les erreurs
passées.

Au lieu de flatter notre orgueil en nous
trompant, il nous suffit d'aborder hardiment
le problème, et alors la solution nous apparaîtra évidente. Nous verrons que ce créateur
signalé par ses œuvres et attesté par nos cœurs,
est nécessairement un père qui aime ses
enfants et que dans sa justice ce père, plein

d'amour, inffligeant une douleur et une misère sans trève, a dû frapper des fils exceptionnellement coupables.

Cessons de croire à l'arbitraire relativement à nos imperfections et à nos souffrances. Elles sont dépendantes de *notre individualité telle que nous nous la sommes faite.* Ne nous livrons pas au désespoir qui conduit à la révolte. Coupables que nous sommes, acceptons qu'on nous parle d'expiation et de grâce, afin que nos cœurs s'ouvrent à l'espérance. De cette chair où nous sommes emprisonnés, de cette poussière désagrégée, peuvent sortir des êtres transfigurés par l'amour et la vertu.

Châtiés que nous sommes, parce que nous sommes méchants, nous devons, afin d'éviter un surcroît de peine, fuir la récidive. Une seule voie nous est ouverte : nous amender. A cœur toujours pervers, expiation éternelle.

Homme, je vois, je sais maintenant. J'ai dû, ensuite de ma faute, subir mon châtiment, que j'aie été ou non admis à délibérer les conditions de ma vie ; si j'étais innocent, je ne souffrirais pas les maux qu'amène l'organisation volontairement défectueuse de mon corps terrestre. Je crois que Dieu, dont toutes les œuvres sont parfaites, m'aurait donné un corps irréprochable si mon âme n'avait pas failli. Je connais la vérité. *Je suis arrivé coupable*, j'admettrai donc une faute précédente, rien ne me semble plus certain. La jeune humanité n'a pas compris la vérité qui lui a été enseignée. Elle l'a faussée par orgueil ou inintelligence, j'en rejette la formule pour ne m'attacher qu'au fond réel et sérieux qui doit-être rétabli.

Je ne crois pas à une *culpabilité de race et matérielle*, j'admets *une déchéance individuelle*, résultat *d'une faute personnelle*. Tout s'expliquant alors, fils d'un Dieu de bonté, je ne méconnaîtrai plus les ordres et les sévérités d'un père justement rigoureux. Je ne serai plus en révolte contre ma destinée, dont je comprends la justice et le but. Je serai résigné dans ma situation présente. Je ne demanderai compte à personne de mes souffrances : ce sont mes fautes qui m'ont fait tomber dans cette prison terrestre. J'ai perdu mes droits, je n'ai que des devoirs : je ne recouvrerai les premiers qu'après avoir expié. J'aurai le courage et la force de reconquérir la situation dont j'ai du être chassé. J'ai secoué mon linceul, les ombres de la mort se sont entrouvertes, j'ai aperçu les justes, leurs demeures et leurs félicités : je ferai ce qu'ils ont fait, j'irai les rejoindre. Frères, aimons-nous, travaillons tous ensemble et, nous aidant les uns les autres, marchons d'un même pas dans la voie nouvelle de la réparation.

XIII

JUSTICE

> La loi.... a le mérite de n'offenser ni le principe sacré de la miséricorde infinie, ni celui de la prépondérance nécessaire du bien fils du créateur, sur le mal, fils de la créature... La peine est mesurée à la proportion de la faute et son degré est en raison de l'amplitude de la déformation, lorsque, en même-temps, le genre de souffrance est le mieux appliqué à la nature de celui qu'elle atteint.
>
> Dans leur propension à améliorer le coupable par sa punition même, nos lois criminelles sont dans le vrai, comme elles sont dans le juste, car si elles n'aboutissent pas dans cette vie, nous sentons du moins qu'elles s'y accordent avec une action supérieure qui aboutit dans l'autre, et après nous avoir fourni les principes de notre justice, notre conscience complète leurs effets en les ralliant avec confiance à ceux de la justice de Dieu...

Toute peine est immorale qui
n'est pas proportionnée à la gra-
vité du délit qu'elle concerne, qui
respire la vengeance sans respirer
la charité, qui ne tend pas à l'a-
mendement du coupable.

Jean REYNAUD, *Ciel et Terre*,
p. 375, 377, 396 et 397.

Versez des pleurs amers, la
mort n'est pas la fin de la souffrance pour celui qui n'a pas rempli sa tâche. Jetez des lis à pleines
mains, l'âme triomphe, elle est
heureusement arrivée au terme
de ses épreuves corporelles.

Nous nous inquiétons du sort des scélérats qui, durant leur vie, semblent échapper à toutes les punitions et qui même jouissent de tous les biens refusés par contre à des justes du jour. Ce fait ne saurait infirmer la justice divine. Il paraît l'accuser seulement aux yeux de ceux qui veulent qu'elle frappe immédiatement, comme si tout avait commencé avec la vie corporelle et comme si tout allait finir avec elle, mais la justification est complète dès que l'on reconnaît que chacun répond de ses actes sur l'ensemble de sa vie.

Plus nous acquerrons de preuves que les joies terrestres du coupable sont réelles et non apparentes, qu'elles ne sont pas troublées, et qu'il n'a pas besoin d'efforts pour cacher un remords qu'il n'a pas conçu, plus nous devons croire à un avenir prochain ou reculé, mais positif, dans lequel apparaîtront le remords, le repentir et la réparation. Tout nous défend de douter de la justice divine, qu'elle ait son heure dans la vie présente et que la peine soit immédiate ou qu'elle soit différée pour un temps ultérieur. C'est faiblesse d'intelligence que de vouloir la peine et la récompense dès la vie présente et au moment où le mal et le bien sont accomplis par chacun de nous. Le retard de l'une ou de l'autre ne saurait être difficile à concevoir. Il y a là une raison péremptoire d'admettre une suite à l'existence.

La justice s'exerçant sur la vie perpétuée du coupable, y trouve de favorables occasions d'être satisfaite dans la plus exacte mesure.

Chacun remplit un rôle d'expiation en rapport avec ses actes passés, et les générations portent la peine des fautes des générations précédentes. Ces fautes de leurs devancières, *qui sont en réalité les leurs*, font qu'elles poursuivent une marche qui leur est funeste jusqu'à entraîner leur perte ou dont elles souffrent tant qu'elles n'en ont pas réparé les conséquences Chaque Romain était le peuple romain, maître orgueilleux du monde, comme chacun de nous autres Français porte en lui les vices de sa patrie, pour lesquels il est journellement condamné ; mais nous pouvons aussi porter en nous les vertus qui nous permettent de montrer à d'autres peuples, nos frères, la route de la civilisation.

De plus en plus nous possédons parmi nous des grands hommes qui se nourrissent des œuvres des grands génies, qui se préoccupent de l'exemple des belles âmes, des puissants créateurs de l'idée, de l'art et de l'industrie. Quelques-uns atteignent le but qu'ils se sont proposé, tous, s'élevant dans la vie, méritent et obtiennent, selon leurs efforts, des récompenses proportionnées et plus ou moins tardives. Ainsi s'accroît de plus en plus le nombre de ceux qui, suivant de nobles modèles, prennent leur place définitive parmi les amants de la grandeur et de la vertu.

De même le nombre des cannibales diminue : il n'y a plus de sacrifices humains. Il n'y a plus de Nérons, ils ont expié et se sont amendés : le rôle de despotes tels qu'on en a vus, ne séduit plus que les chefs de peuplades sauvages. Une bande de brigands et de contrebandiers armés serait difficilement levée en

France. Certains métiers deviennent tellement difficiles et ingrats, que personne ne veut plus s'engager dans ces carrières aujourd'hui fort dangereuses et peu productives.

Ce n'est plus par attrait et par passion, comme jadis, qu'on tue, qu'on vole et qu'on trompe, c'est par nécessité, par misère, par famine et avec la pâleur du remords au front. On a horreur du sauvage qui se glorifie des meurtres qu'il a perpétrés. On ne sait plus ce que veut dire la chasse aux Ilotes. La traite des nègres et la piraterie, jugées et délaissées, n'enflamment plus personne. Quel empereur ferait dévorer par des bêtes féroces, dans un cirque, des prisonniers de guerre et se plairait à entendre : *ave Cæsar, morituri te salutant !*

C'est que le monde de la terre est déjà bien vieux, c'est que chacun de nous a vécu déjà bien des fois, et que, laissant dans chacune de ses existences quelque chose de ses mauvaises tendances, il s'est amélioré d'une manière notable ; c'est qu'il a modifié et amélioré avec lui la société dont il fait partie. Peu à peu chacun a expié les actes les plus criminels dont il s'était rendu coupable. Il nous reste, afin d'être quittes, à expier nos moindres méfaits et à nous débarrasser de nos dernières imperfections.

Ces forfaits monstrueux, qui de temps à autre nous épouvantent, sont l'œuvre de retardataires. Dieu nous délivrera de ces horribles compagnons quand nous l'aurons tout à fait mérité, c'est-à-dire quand nul ne devra plus subir les peines que leurs actes infligent, ni ressentir la crainte et le dégoût que leurs crimes font éprouver.

Ainsi l'expiation est temporaire comme la faute ; elle lui est proportionnée. La peine ne peut être éternelle que pour le vice éternel et sans repentir. Aussi devons-nous agir de manière à hâter le moment auquel luira devant les yeux du coupable la lumière qui, l'éclairant sur son passé, lui fera voir le mérite et l'avantage du retour au bien. Comme il n'est pas permis de supposer qu'il en soit un seul qui résiste à nos exhortations et à notre pitié, l'éternité des peines apparaît comme une doctrine sans application possible.

XIV

MORALE

La morale ! et qu'est-ce donc
que cette morale la même partout ? C'est le dévouement du
fort pour le faible, du grand pour
le petit, du riche pour le pauvre,
du valide pour l'invalide ; c'est
l'idée que tous les êtres, jaillis
de la même source, ont été créés
les uns pour les autres. Et
qu'est-ce encore que ce dévouement ? l'instinct de la justice et
de la solidarité universelles....
La morale..... à peine violée,
s'impose... elle ne pardonne
jamais, elle se venge toujours,
elle est immuable et par conséquent inexorable. Toute loi qui
change n'est plus une loi ni divine, ni naturelle. Si l'histoire
de l'humanité n'est qu'un long
calvaire, c'est que les actes des
humains ne sont qu'une série de
violations de la loi morale, se
vengeant et ne pardonnant jamais. L'histoire de l'humanité
est le tribunal de Dieu. L'homme
libre mais criminel y constate
sa liberté, ses crimes et ses châ-
timents solidaires. Les hommes
ne seront jamais heureux avant
d'être justes. La seule source
du bonheur, c'est la justice. Il
n'y en a pas d'autre.

Al. WEILL.

Les hommes sont réunis en
sociétés afin que les efforts com-
muns facilitent la tâche individuelle. Malheureusement, beau-
coup acceptent le concours de
tous, mais ne veulent rien donner en échange.

Ce qui constitue la loi, c'est la
sanction qui s'y trouve inhérente.
On ne saurait manquer à la loi.
Dès que les conditions de son
applicabilité sont réunies, ses
effets se font sentir. La loi morale n'est pas autrement organisée. La logique même des
choses exécute les arrêts de la
justice souveraine.

Le sage des Sakyas recommande à ses disciples l'obéissance envers les parents, la
bienveillance envers les membres de la famille
et les amis, le respect pour les supérieurs et
les sages, l'indulgence envers les inférieurs et
la miséricorde envers les créatures animales.
Il invite ceux qui l'écoutent à n'être ni sensuels,
ni colères, ni extravagants, ni cruels, mais,
au contraire, à être chastes, tolérants, réservés,
généreux et charitables.

Il leur dit: « Ne détruisez pas la vie des êtres,
ne prenez point le bien d'autrui, ne trompez
pas, n'usez ni de boissons énivrantes, ni de
drogues soporifiques, et n'ayez pas de commerce
sexuel illégitime. »

Il ajoute : « Abstenez-vous de tout péché,
acquérez la vertu et purifiez vos cœurs. Si un
homme vous cause follement préjudice, couvrez-
le, en retour, de votre amour empressé, lui
faisant d'autant plus de bien qu'il vous aura fait
plus de mal. »

Jésus répète que si l'on veut entrer dans la vie éternelle, il faut garder les commandements : « Vous ne tuerez point, vous ne commettrez point d'adultère, vous ne déroberez point, vous ne direz point de faux témoignage, vous ne ferez tort à personne, honorez votre père et votre mère. » Il ajoute : « Si vous voulez être parfait, vendez ce que vous avez et donnez le prix aux pauvres. Aimez Dieu par dessus tout et votre prochain comme vous-même. »

Les sages de l'antiquité avaient enseigné : « Ne fais pas à autrui ce que tu voudrais qu'on ne te fît pas. » Le nouvel instituteur du monde moral ne s'est pas contenté de cet enseignement et, reprenant le précepte de charité du maître de l'Inde, il commande à chacun « de faire à autrui ce qu'il désirerait qu'on lui fît à lui-même. » et de « rendre le bien pour le mal. »

Tous ces préceptes de justice et de moralité, ainsi que de charité et de perfectionnement, doivent être acceptés comme des lois dont le respect est obligatoire et dont l'exécution est assurée par une sanction à laquelle il est impossible de se soustraire ni de résister.

Si, connaissant la loi morale, les hommes savaient son application invincible et inéluctable, ils s'efforceraient d'y accommoder leurs actes et d'en tirer le meilleur parti possible. Il en est de la loi morale comme de toute autre, qui punit toute révolte et récompense toute soumission. L'eau bien dirigée fertilise les jardins et les prés, le fleuve contrarié ravage les villes et les campagnes.

La claire vue de toute loi, c'est-à-dire de toute vérité, supprime toute liberté du mal. Si nous nous croyons à cette heure libres de contester la loi morale, c'est que le doute et l'hypothèse n'ont pas encore cédé devant la certitude et la réalité scientifiques.

La liberté du mal est un non sens lugubre et une funeste illusion.

Pour être moral, il faut qu'un acte soit susceptible de profiter à l'humanité tout entière, à quelques-uns ou à l'un de ses membres, dans le présent ou dans l'avenir. Un acte susceptible de leur nuire est immoral.

Les biens ou les maux de l'humanité sont proportionnels aux vertus et aux vices des hommes. Plus il y en aura qui se conformeront aux préceptes de justice et de charité, plus il y aura d'heureux; plus il y en aura qui violeront ces règles, plus il y aura de malheureux.

La loi morale n'a point seulement pour objet un homme, elle concerne tous les hommes, les rapports d'homme à homme, ceux de chacun avec tous, comme avec la société dont il est membre, ainsi que les rapports de toutes les agglomérations sociales les unes avec les autres.

La vertu conduit au bonheur de soi-même et des autres ; le vice entraîne, par contre, le malheur des autres et surtout de soi. Dès lors, comme les autres c'est tout le monde excepté moi, et comme chacun est un autre pour le reste des hommes, plus il y aura d'hommes vertueux, c'est-à-dire faisant le bonheur d'autrui, plus l'humanité sera heureuse, jusqu'à ce que tous les hommes étant devenus vertueux, il n'y ait plus de place en ce monde pour le vice ni pour le malheur qui en provient.

Si la majorité des hommes était pénétrée de cette vérité, que le bonheur de tous dépend de chacun, un pas immense serait fait dans la voie du bonheur. Si les directeurs d'une des grandes nations avaient une claire vue de la vérité morale et la volonté de s'y conformer, le reste du monde serait entraîné dans un courant général de progrès et la conspiration du bien deviendrait irrésistible.

L'homme devrait savoir que la vertu est le seul chemin qui conduise à la félicité. Si sa conscience ne suffit pas pour l'instruire de ce qu'il doit faire, comment ne remarque-t-il pas qu'il n'y a ni bonheur public, ni félicité particulière? Cela est bien visible, cependant; mais, aveuglé par l'orgueil, il ne tire pas de ce malheur, d'une évidente généralité, le seul avertissement possible, l'induction qu'il est la conséquence nécessaire d'une cause par lui préparée. La misère n'est et ne peut être qu'une peine dont la cessation dépend de chacun et de son retour à la vertu. Plus de chûte, plus de réparation, plus de faute, plus de punition.

Chacun de nous, il est facile de le remarquer, est pour les autres et pour ses proches surtout, l'exécuteur préposé de la loi morale. Tout en y manquant dans son présent, il l'applique au passé des autres. Il dépend de lui que l'application soit plus ou moins rigoureusé. Son devoir est même de grâcier ceux qui ont été mis spécialement sous sa discipline. C'est en les rendant moins malheureux qu'ils ne l'ont mérité, qu'il s'amende lui-même et se rend digne d'un meilleur sort.

Comme nulle part on n'a vu ni bonheur, ni vertu, l'expérience n'a pu justifier cette vérité, que le bonheur est proportionnel à la vertu.

Mais comme partout il y a misère et que le spectacle du malheur est permanent, il faut bien logiquement admettre que cette souffrance inévitable a une cause et que cette cause est ou la faute d'aujourd'hui ou le méfait de la veille, et qu'en définitive, le malheur est proportionnel au vice.

Tel est le secret de l'existence et de la destinée misérables de l'homme. Venu afin de s'amender, chacun est tenu de vivre de façon à ce que de son fait ses compagnons et lui-même éprouvent le moins de malheur possible; mais, comme il suit ses anciens errements, il vit d'une telle sorte, qu'il leur porte préjudice.

Par l'accomplissement de la loi supérieure, l'homme reçoit la récompense ou la peine qu'il a méritée. Aucune bonne action, aucun acte mauvais, si minimes qu'ils soient ou qu'ils aient été accomplis, n'échappent à la balance impartiale de la suprême justice. Dans chaque nouvelle existence, chacun expérimente les effets des causes spéciales par lui engendrées

dans ses existences antérieures et qui doivent trouver leur issue dans la vie terrestre.

L'individu subit forcément la loi. Les résultats dérivés de ses actes pèsent sur lui. La misère humaine est la conséquence de faits dont nous sommes nous-mêmes les auteurs. Elle est la suite nécessaire de nos méfaits.

L'homme est soumis à une loi de compensation universelle et éternelle qui dispense avec la plus scrupuleuse exactitude le bonheur ou la peine par la seule action inévitable et forcée de ses propres conditions. L'homme est sous l'empire d'une loi d'harmonie, d'équilibre et d'ajustement de l'effet à la cause : il n'y saurait échapper.

Aucun homme ne peut être sauvé par un autre. Il doit se sauver lui-même. S'il peut lui être fait grâce de la peine, il n'échappera pas à la nécessité de l'amendement personnel et de la réparation.

.........Promettez
Que sévère aux méchants et des bons le refuge,
Entre le pauvre et vous, vous prendrez Dieu pour juge,
Vous souvenant, frère, que caché sous le lin,
Comme eux vous fûtes pauvre et comme eux orphelin.

Tout acte de la pensée, de la parole et du

corps, selon qu'il est bon ou mauvais, porte un bon ou un mauvais fruit. Des actions des hommes résultent ainsi leurs différentes situations. Tous leurs maux physiques et moraux sont uniquement les conséquences obligées des actions coupables perpétrées dans la suite des existences corporelles ou non de chacun d'eux.

Paraître sur un degré plus ou moins élevé de l'échelle des êtres, dans une condition plus ou moins facile, ce n'est ni le jeu du hasard ni d'un accident physique, c'est l'effet des mérites acquis ou des fautes commises antérieurement.

Mu par des volontés, le monde moral est par cela même assujetti dans son changement et ses évolutions à une volonté toute puissante et justicière, qui, prenant l'être dans l'état balancé de mérite et de démérite qu'il s'est fait, l'envoie dans le milieu qui lui convient et parmi des pareils assortis. Ceux-ci, selon leurs volontés, appliqueront la peine ou la grâce.

De la sorte, chaque homme, par son vice ou sa vertu, se fait à soi-même son propre destin, et aussi chacun, en s'améliorant, adoucit le sort de ceux qui l'entourent.

Chaque action est une force : vertueuse, elle

vous élève ; vicieuse, elle vous abaisse et rend un relèvement nécessaire. La peine peut-être remise, mais non la réparation. Si l'assassin d'hier échappe à la vindicte à laquelle il est exposé parce que celui qui pouvait le frapper renonce à ses mauvais desseins, il reste tenu d'effacer de son être, par sa volonté, toute trace de la perversité qui l'avait conduit à l'homicide. Autrement, sa condition morale n'étant pas changée, il reviendra dans le même milieu où il retrouvera les mêmes dangers.

Quiconque aime les hommes comme ses frères, sera récompensé, mais les égoïstes, les orgueilleux et les hypocrites, les maîtres et les puissants du monde, seront punis de n'être pas venus au secours de leurs inférieurs. Ceux qui, désirant le bien-être, passent leur temps dans l'oisiveté, ont déjà reçu leur châtiment. Seront également punis ceux qui détestent leurs maîtres, mais qui envient leur fortune et feraient comme eux s'ils étaient à leur place. Tous ont à acquérir la foi qui donne le courage dans la pauvreté et la modestie dans l'opulence. C'est être d'une nature basse et jalouse que de se plaindre de l'orgueil et de la cruauté des riches et des puissants. Ceux d'entre nous qui, riches, comprennent le néant des richesses et, pauvres, se rendent compte de la tâche du misérable, sont dans la voie du progrès et de l'amélioration, celle de l'immortalité spirituelle.

XV

IGNORANCE ET SAVOIR

Seule, l'ignorance fait que l'homme suppose des défauts dans l'organisation morale de l'univers et conçoit l'orgueilleuse prétention de les corriger sans se changer lui-même.

Entouré d'effets, un peu de discernement lui commanderait de diriger tous les efforts de son intelligence vers la découverte de leurs causes. Il arriverait alors à discerner les lois de la providence et de la justice universelles, lois dont la connaissance seule peut lui servir de règle de conduite.

La vérité n'a de secrets que pour ceux qui ne la cherchent pas.

Sous prétexte qu'il voit partout des abus et qu'il aspire à des changements justes et réparateurs, l'homme prétend que tous les moyens sont bons afin d'atteindre ce but désirable. Il se heurte immédiatement à un obstacle insurmontable, ce qui devrait lui montrer son erreur. Pour être employés en vue d'une réforme, la violence, le meurtre et la guerre ne sont pas moins des crimes, et, dès le début, les premières règles de la morale barrent cette voie, sans autre issue qu'une aggravation de peine pour le délinquant. La moindre réflexion devrait aussitôt lui dévoiler la vérité.

Enfermé dans un cachot dont il ne saurait sortir, il devrait se dire, comme le prisonnier, qu'il subit une peine en rapport avec la faute qui a motivé le châtiment ; victime de l'injustice, il devrait comprendre qu'il a été injuste.

La punition étant manifeste, qu'il se représente la faute comme nécessaire ; qu'il se la rappelle ou non, elle a eu lieu ; n'est-elle ni d'aujourd'hui ni d'hier, elle remonte forcément à une époque antérieure et assez éloignée pour que le souvenir en ait disparu. N'est-elle pas de cette vie, elle est d'une existence précédente.

La logique inéluctable exige une faute justifiant la raison éternelle, cette faute a nécessairement été commise.

Que l'homme comprenne et se rende ; qu'il admette son sort d'expiation, se résigne et ne tente que les voies de la droiture, en vue d'assurer le règne de la justice.

Par ignorance, nous prisons ce qui n'est pas digne de considération, nous aspirons à ce qui n'est pas désirable, nous estimons réel ce qui est illusoire et nous perdons notre temps à poursuivre des résultats sans valeur, tandis que nous négligeons ce qui mérite en réalité notre attention.

De là vient tout le mal. Si les hommes connaissaient la loi morale et savaient son application inévitable, ils ne songeraient pas plus à s'insurger contre elle qu'ils n'essaient de se révolter contre la loi de la gravitation ou toute autre loi physique ou chimique expérimentée et indiscutable. Loin de là, ils s'ingé-

nieraient à bénéficier de leur obéissance. Une
fois la loi connue, ils s'étudieraient à lui
assurer une intelligente soumission et à la
faire servir au plus grand bien de chacun.

La claire vue de la loi morale supprimera
le mal. Personne ne se croit intellectuellement
libre de nier la vérité d'un théorème de mathé-
matique ou de géométrie. Nul ne songe à se
permettre la licence d'attenter à la loi de
l'affinité des corps ou à toute autre du même
genre. Si nous refusons obéissance à la loi
morale, c'est que, d'une part, nous feignons de
l'ignorer, et que, d'autre part, nous ne sommes
pas convaincus de notre impuissance à échapper à son application. Cette ignorance cessera,
mais les conséquences, pour être inconnues, n'en
sont pas moins certaines et menaçantes. Que
l'on sache ou non que le feu brûle, on est
brûlé à l'occasion ; que l'on connaisse ou non
la propriété corrosive d'un acide, on est mutilé.
On a donc eu toute raison de dire que l'ignorance est la cause de tous nos maux, et que,
pour devenir heureux, il suffit d'acquérir la
science,

L'homme n'a d'autre liberté que celle du
bien, celle dont son auteur a usé en organisant

le monde et en faisant obéir l'esprit et la matière aux lois qu'il a établies.

Il ne faudrait pas croire, cependant, que le voile de l'ignorance soit difficile à lever. D'une part, en effet, quiconque cherche de bonne foi la règle à suivre, arrive immédiatement à la connaître de manière à y conformer sa conduite, et, d'autre part, il est également facile à tout homme de se convaincre de la sanction nécessaire attachée à toute atteinte qu'elle aurait reçue.

La vérité morale est brillante et l'homme peut la voir. La conscience, au fond de laquelle chacun trouve inscrit le résumé des résolutions qu'il a prises en venant en ce monde, l'avertit de ce qu'il doit faire dans toute circonstance déterminée. Il connaît par elle le caractère licite ou délictueux de tout acte en face duquel il se trouve, et s'il est bon de l'accomplir ou de l'éviter.

Instruit par son expérience personnelle et par ce qu'il a vu dans la vie extra terrestre, chacun sait qu'il n'est pas un acte qui ne porte avec lui sa peine ou sa récompense. Il a de même été instruit de l'existence et du caractère inévitable de la répression de tout méfait. Il y a là un ensemble d'avertissements plus que suffisant pour que nul ne prétexte qu'il n'est pas mis en garde.

Que l'homme observe autour de lui, il comprendra la vérité morale et se convaincra de son impuissance à éviter la sanction qui en assure le respect. L'expérimentation des phénomènes moraux le lui démontre, aussi bien que l'examen et l'étude des faits physiques prouvent l'impossibilité d'échapper à l'application des lois qui les régissent, dès que leurs conditions d'applicabilité sont réunies.

L'analogie veut que la loi morale soit obéie d'une manière tout aussi efficace et nécessaire que la loi physique ; mais cette preuve n'est pas la seule.

Les résultats les plus éclatants concourent à rendre la démonstration indiscutable. L'inexistence du bonheur général et particulier est visible, aussi bien que l'inexistence de la vertu. Non moins visibles sont l'universalité du malheur et celle du mal fait et à réparer.

Le malheur qui poursuit l'homme est apparent, nul n'y échappe. Qu'en conclure ? Une seule explication est possible : c'est que, sanction d'une loi méconnue, il est la punition du mal passé. Il ne saurait être que l'effet d'une cause antérieure engendrée par nous mêmes, la conséquence forcée de nos actes mauvais. Il est une peine dont la cessation dépend de notre effort personnel employé à maîtriser nos passions rappelées à l'ordre.

Des hommes ont essayé de démontrer que le bonheur est proportionnel à la vertu. Les données de l'histoire, qu'ils consultaient par rapport à différents peuples, ne pouvaient les conduire à leur but. Ils devaient échouer, parce qu'ils voulaient prouver, par des exemples pris en masse, que les peuples heureux étaient les peuples les plus moraux. Cherchant ce qui n'avait jamais existé, ils travaillaient en vain. (Gratry. *La morale et la loi de l'histoire*.) Ils eussent facilement atteint le but en s'attachant à l'autre face du problème et en recherchant si le malheur n'était pas proportionnel au vice. Ils n'avaient qu'à interroger la misère générale ainsi que la souffrance individuelle, et à s'inquiéter de leur cause. Il n'était même plus ici besoin d'une proportionnalité plus ou moins exactement connue. Le fait leur disait : la misère est absolue, elle est implacable ; la logique leur eût immédiatement répondu qu'elle était nécessairement méritée par la faute, qu'elle ne pouvait cesser que par la suppression de celle-ci, et qu'enfin, l'amendement de chaque coupable, c'est-à-dire de tous les hommes, était une condition invincible de l'amélioration des existences particulières et sociales.

Le secret de l'existence misérable et de la destinée de chacun de nous, voilà ce qu'ils devaient chercher. Ils auraient appris alors que chacun est un coupable venu afin de s'amender, que chacun est une preuve vivante de la sanction inhérente à toute atteinte portée à la loi morale.

Mais ceci étant établi, comment les directeurs des hommes permettent-ils que l'orgueil obscurcisse une vérité aussi évidente? comment ne répètent-ils pas à tous les moments et sur tous les tons, à ceux qu'ils conduisent, et ne leur crient-ils pas, avec toutes les voix dont ils disposent, que leurs maux viennent de leurs méfaits; qu'ils doivent se garder d'une ignorance qui, permettant la prolongation des fautes, tend à perpétuer les misères dont il se plaignent, et qu'en prétendant rejeter sur d'autres la cause de ces souffrances, dont ils sont les seuls artisans, ils ne peuvent qu'aggraver leur situation de pécheurs insoumis.

XVI

MEMBRE D'UNE FAMILLE HUMAINE, CHAQUE HOMME SE PERPÉTUE AVEC ELLE

> Les juifs lui dirent : Vous n'avez
> pas encore cinquante ans et vous
> avez vu Abraham ?
> Jésus leur répondit : En vérité,
> je vous le dis, je suis avant qu'Abra-
> ham fut.
>
> Saint Jean, chap. 2, v. 57 et 58.

Nul de nous n'est isolé, ni par rapport aux autres habitants de la terre, ni par rapport à la population des mondes voisins. Chacun de nous est un élément de ce groupe humain composé de la multitude immense dont la destination spéciale est d'habiter la terre et d'autres sphères. *Or, à l'origine, cette portion de l'humanité était ignorante et nul de nous ne savait rien. Nous avions l'aptitude à apprendre.* Aussi de ces temps reculés, nul de nous n'a-t-il gardé ni transmis le souvenir ; mais depuis nous avons avancé et nous avons acquis, en même temps que de précieuses connaissances, les moyens de les conserver.

Evidemment, nul n'a conscience aujourd'hui d'avoir pris telle part déterminée aux progrès accomplis pendant cette suite de siècles de longue enfance ; mais, de ce que tout souvenir en a disparu, il n'est pas permis de conclure que chacun n'y ait pas pris telle part définie aux yeux de l'auteur des êtres et dont la preuve se trouve dans l'importance progressivement acquise par chaque individualité, ainsi que dans la valeur qu'elle possède aujourd'hui au milieu de l'état général des idées et des mœurs.

Au cours de nos dernières pérégrinations dans les mondes terrestres, notre mémoire a recueilli des goûts dont la présente existence donne la preuve irrécusable, et qui se manifestent dans nos tendances. Notre mémoire jette sur le présent d'utiles ou de fatales lumières.

XVII

La Vie future ne saurait être que l'image et le perfectionnement de la vie présente, comme celle-ci est la suite et la ressemblance de la vie passée. Toutes trois sont collectives. — Voile du passé.

Et si vous entendez que ces facultés, demeurées ensevelies parmi nous, se développeront et produiront alors le mérite ou le démérite des âmes qui les auront reçues, vous supposez donc que ces âmes jouiront après la mort d'une vie analogue à celle-ci.

Nous ne nous souviendrions plus que
nous avons été enfants, s'il ne se trou-
vait près de nous des témoins qui nous
ont vus autrefois et qui nous apprennent
ce que nous étions alors. Comment nous
étonnerions-nous donc de ne rien nous
rappeler de ces époques lointaines qui
sont séparées d'aujourd'hui, non par le
simple cours des années, mais par les
coups répétés de la naissance et de la
mort.

Jean REYNAUD, Ciel et Terre,
p. 171 et 305.

Nous nous rendrons compte de ce que
pourra être la vie future, en observant ce
qu'est la vie actuelle. Nous n'avons vu nulle
part un être vivre dans l'isolement. Chaque
personnalité est distincte abstraitement, mais
elle ne saurait l'être comme réalité vivante.
Chaque homme fait constamment échange
avec son entourage. Ce n'est ni lui, ni moi,
c'est nous qui est l'expression essentielle du
mystère de la vie. Nous ne devons donc jamais
considérer notre individualité comme isolée de
ce qui nous environne et constitue notre vie.
Nous voulons qu'elle se perpétue, mais il n'est
pas possible qu'elle persiste dans des conditions
incompatibles et contradictoires avec la vie
elle-même.

Vouloir la survivance, c'est la vouloir pour
les autres comme pour soi. Le sentiment d'ave-

nir, aussi bien que celui d'extension et de
développement actuels, doit être collectif. Nous
devons nous attacher à la vie présente par la
considération des êtres, des idées ou des choses
qui nous enveloppent et nous enserrent. La vie
hors de nous doit nous intéresser autant que
celle qui est en nous, car l'une est le complé-
ment de l'autre. Il en est ainsi pour le présent,
il n'en peut être autrement pour l'avenir. Le
retour à la vie est le sort de tous, il est le
retour à la vie sociale, c'est-à-dire à la vie
terrestre, tant que celle-ci est nécessaire à notre
développement.

Ainsi chacun est tenu d'accepter la vie future
telle qu'elle peut être, et vainement il la désirerait contraire à ses conditions de possibilité.
Il faut, dès lors, que chacun la veuille reliant
de plus en plus l'homme à Dieu, à ses semblables, à la terre et aux mondes livrés à notre
activité. Il faut la vouloir progressant et faisant
progresser tout ce qui n'est pas elle, grandissant
incessamment en souvenirs, en espérances,
mais aussi en réalités vivantes. Il faut la
vouloir perfectible, aimante et aimée.

L'individualité présente et son entourage
présent se perpétuent simultanément. Nous

devenons nous-mêmes l'avenir, nous continuons à y vivre, c'est-à-dire à nous y développer, ainsi que nous le faisions dans le passé par notre coexistence avec nos semblables, tous nous améliorant, afin de nous rapprocher de notre auteur commun.

Notre individualité aura une personnalité, c'est-à-dire une forme différente de celle qui la caractérisait dans le passé, elle prendra peu à peu des sentiments et des pensées différents de ceux par lesquels elle était manifestée à une époque précédente, car c'est précisément ce qu'il faut : qu'elle reste identique et cependant qu'elle change. L'amélioration n'est possible que de cette sorte. Est-ce qu'aujoud'hui on nous voit les mêmes pensées, les mêmes sentiments qu'il y a dix ans ou plus ? Assurément non ; mais ces changements ne détruisent pas notre identité vivante. Loin de là, et c'est afin de les faciliter dans ce qu'ils ont d'heureux et de louable, qu'il faut le repos et l'oubli de la mort, avec la résurrection sous une forme qui, nous évitant les haines, nous sauve des représailles.

Il faut que nous soyons cachés à tous les yeux, il suffit que Dieu nous voie et que notre conscience intime nous reconnaisse.

Le voile du passé est chose essentielle, le fleuve Léthé des anciens devient une allégorie saisissable. Nous le traversons afin de reparaître sur terre.

Le monde qui nous renvoie, nous a pris une part de nous-mêmes. Nous n'avions pas travaillé en vue de nos compagnons, nous n'avions même pas agi en vue d'un avenir auquel nous avions le tort de ne pas songer ; il ne faut pas que ceux auprès de qui nous allons revenir nous reconnaissent : le rappel de nos haines et de nos discordes les raviverait. Le défaut de souvenir qui nous cache à nous-mêmes, nous dérobe les uns aux autres : c'est plus qu'un bien, c'est une nécessité ! Ne voyons-nous pas avec quelle difficulté le coupable ou même le condamné obtient parmi nous l'oubli du passé et de quelle méfiance nous le poursuivons jusqu'à la fin. Il est heureux que, débarrassé de ce qui eût été un gênant fardeau, chacun de nous ait laissé une partie du bagage ancien et ne rapporte dans le présent que ce qui peut lui servir : les résolutions imprimées au plus profond de son être.

Et qui pourrait regretter de n'avoir pas connaissance précise de sa situation de

condamné, c'est-à-dire de ce qu'il ne sait ni
sa faute, ni sa punition ? Qui donc oserait
vouloir la justice suprême impitoyable et dé-
passant les bornes du juste ? Qui donc oserait
se plaindre de ce qu'elle aurait réalisé, pour les
coupables, la pitié tentée par les hommes à
l'égard de ceux que leurs tribunaux ont frappé
sévèrement ? Afin de ne pas laisser le patient
face à face avec l'échafaud, nous ne lui
avouons qu'au dernier moment le rejet de ses
recours, et il se trouverait un de nous ne
craignant pas de prétendre qu'obligé de
ramener ses enfants dans les justes voies de la
vie, le père des vivants devrait leur montrer
à la fois, la faute, la cour d'assises et l'instrument du supplice tout dressé ; devrait les mettre sous la menace incessante du châtiment !
Mais alors la faute serait toujours présente et
la punition multipliée, rendrait la vie insup-
portable dans cette marche continuelle vers
une répression que chaque jour montrerait plus
prochaine et plus inévitable. Bénissons, au
contraire, cette justice paternelle qui laisse
seulement dans notre conscience, à titre d'avertissement, la résolution prise par nous, d'éviter
la route sur laquelle notre chute s'est effectuée,

et qui, nous tenant dans l'ignorance du sort à nous réservé, nous cache le moment où nous serons frappés.

Sans nous hasarder à prévoir trop à l'avance ce qui attend la terre et ses habitants, il est permis de supposer que si, comprenant le but de la vie, nous avions agi uniquement en vue du prochain, nous n'aurions à craindre aucun regard et nous pourrions nous souvenir, car il nous serait possible de nous montrer. Désirons l'époque où nous conserverons la connaissance nette du passé et, afin de l'avancer, profitons des enseignements de la vie présente : que celle-ci nous éclaire sur le caractère de la vie future, devant être collective comme elle ; qu'elle nous fasse répudier l'égoïsme et qu'elle nous conduise vers la fraternité, seule satisfaction commune à nos cœurs et à nos intelligences.

XVIII
PRÉPARATION DE LA VIE FUTURE DANS LA VIE PRÉSENTE

L'analogie nous permet de croire à une infinité d'existences antérieures qui ont dû avoir entre elles de mystérieux rapports..... Nous ne gardons le souvenir que

des changements qui nous ont été utiles...
J'incline à penser que notre nouvel état
d'existence sera analogue à celui-ci, et
que cet ordre de choses n'en diffère pas
essentiellement. C'est ainsi que j'aime à
me représenter la vie future.

S. HUMPHRY DAVY.
Derniers jours d'un philosophe.

C'était, disait-il, encore un spectacle
curieux de voir de quelle manière chaque
âme désignée pour une nouvelle existence
corporelle, faisait son choix : rien n'était
plus étrange ni plus digne, tout à la fois,
de compassion et de risée : la plupart
étaient guidées dans leur choix par les
habitudes de la vie précédente... L'âme
d'Ulysse, à qui le dernier sort était tombé,
vint aussi pour choisir ; mais, pénétrée
du souvenir de ses infortunes passées et
désormais exempte d'ambition, elle chercha
longtemps et découvrit enfin, au loin et à
l'écart, la condition paisible d'un simple
particulier ; toutes les autres âmes l'avaient
laissée, et elle s'écria, en la voyant, que si
elle eût été appelée la première, elle n'aurait pas fait un autre choix.

PLATON,
Dialogue de l'État ou la République.

De ce que nous n'avons pas souvenir d'avoir
agi, est-ce à dire que les faits n'existent pas ?
N'avons-nous pas oublié ce que nous avons
pensé, dit ou fait il y a une heure ? N'avons-
nous pas même exécuté une foule d'actes invo-
lontaires et inaperçus dont nous n'avons ni
conscience, ni souvenir ? Ce ne sont pas,
certainement, ces actes qui constituent la vie
personnelle à laquelle nous tenons. Ce que

nous désirons, c'est la survivance de notre être doué de ses facultés intellectuelles et morales, c'est la survivance des êtres dont la vie est liée à la nôtre. Nous aspirons à persister et, de plus, à vivre encore avec ceux dont la mémoire nous est chère et dont, par suite, la réalité ainsi que l'avenir nous intéressent.

Vivante du jour ou du lendemain, l'individualité ne saurait se séparer des vivants et du monde auxquels elle est unie. Mère dévouée, ce n'est pas ta personne qui t'inquiète lorsque tu veilles ton enfant malade, lorsque tu t'exposes à tout pour l'arracher à un danger, lorsque tu t'épuises pour effacer ses fautes, lorsque tu donnes pour lui ton sang, ton bonheur et ta vie, et lorsqu'enfin, à ta dernière heure, tu aspires à te rapprocher de Dieu afin de l'implorer, non pour toi, mais pour lui. De même pour quiconque se dévoue, peu importe la conservation de la vie terrestre, il l'a déjà tout entière et sans réserve sacrifiée à son entreprise.

Mais pourquoi donc donner ainsi sa vie pour autrui ? — Sans doute, l'éducation, l'exemple et les récits du passé concourent à l'accomplissement de ces actes généreux ;

mais cela ne suffit pas pour les engendrer, car
il a fallu qu'un jour ils commençassent sans
précédent. C'est qu'ils sont essentiellement
dans la nature, c'est que les hommes sont et
se savent enfants d'un père commun, c'est
qu'ayant besoin les uns des autres pour l'accomplissement d'une mission commune, ils
sont doués de la faculté de s'immoler eux-
mêmes à leur prochain et possèdent ainsi
l'agent le plus actif de l'amélioration des âmes
et, par suite, des sociétés qui se succèdent.

Plus nous pratiquerons le dévouement, plus
les nouvelles générations auront de dévoués,
et plus nous rendrons la vie facile à nous-
mêmes et aux autres. Soyons reconnaissants
envers les anciens, nous préparerons la
reconnaissance de la jeunesse et plus vite
nous arriverons à l'amour fraternel, à l'affection réciproque des membres de la famile
unique habitant une seule patrie.

Hommes de toutes les religions, de tous
les peuples, de toutes les classes, vous êtes
frères, et les plus riches de biens temporels,
les plus sains de corps et d'esprit, les plus
éclairés doivent abriter les pauvres, guérir
les malades, soutenir les faibles et instruire

les ignorants. Initiez-vous les uns par les autres à la connaissance de la double égalité primitive et future. Elle donne à l'esprit le sentiment de l'humilité ainsi que la conscience de sa force. Celui qui la possède se résigne à son abaissement passager ; il ne s'enorgueillit point d'une élévation tout aussi transitoire.

XIX

LA VIE PRÉSENTE EST UNE VIE FUTURE

Le Christ disait aux infirmes et aux malades guéris par lui : Allez et ne péchez plus, ou, Vos péchés vous sont remis, ou encore, Votre foi vous a sauvés.

Il exprimait de la sorte cette idée, que la vie présente est la conséquence et l'expiation de celles qui l'ont précédée. S Mathieu, chap. 9, v. 2, 6, 22 et 29. S. Marc, chap. 2, 5 et 10, v. 3, 24 et 52. S. Luc, chap. 5, 8 et 18, v. 16, 43 et 48.

N'accusons donc en définitive que nous-mêmes des adversités qui ont pu se rassembler contre nous dès notre entrée dans la vie et appliquons-nous, non-seulement à les supporter avec courage, mais à les faire tourner, avec pleine confiance de leur utilité, au service de notre bien futur. Consolons-nous dans l'idée que rien de fatal ne pèse sur nous et qu'il n'est aucun des maux auxquels nous sommes aujourd'hui soumis dont nous ne puissions nous délivrer radicalement.

Jean REYNAUD, *Ciel et Terre*, p. 304.

Nous apportons dans la vie les innéités que nos habitudes précédentes ont développées dans notre substance. Nous avons des tendances, des vocations et des désirs sous l'impulsion desquels nous agissons dans le présent. La vie passée nous les donne : elle est en nous ; elle préside à nos erreurs comme à notre sagesse et à notre dignité ; elle nous inspire nos déterminations bonnes et mauvaises, nos espérances, notre dévouement et notre charité; un incessant contrôle est indispensable.

Vous qui fûtes les maîtres de nos pères, vous avez laissé parmi eux des disciples qui remplaceront ceux dont la terre n'est pas digne, et nous-mêmes, plus tard, nous instruirons les générations des arriérés et dirigerons les progrès de l'avenir lointain.

Qu'est-ce donc, en effet, que la vie présente ? n'est-elle pas le mélange de ceux qui donnent avec ceux qui reçoivent, et de ceux qui aiment et instruisent avec ceux qui sont aimés et instruits ?

Il faut que tous nous arrivions à prendre rang parmi ceux qui aiment, donnent et instruisent. Notre vie corporelle ne saurait être unique, elle est multiple, en réalité, comme il

est nécessaire que soit celle d'êtres perfectibles, voués à un labeur qui demande de longs
efforts. Elle constitue, avec la vie extra-terres-
tre, l'unité de l'existence individuelle.

Nous sommes les auteurs des adversités que
nous subissons. Il n'y a point d'arbitraire
dans le monde.

Comprenons que la justice de Dieu existe
pour tous. Elle décide, et l'amour dicte la justice. Les souffrances humaines sont des actes
réparateurs envers elle. La fatalité n'est autre
chose que la punition méritée. Elle peut nous
épargner par le fait d'un de nos frères, mais
cette grâce ne s'acquiert pas sans sacrifices ou
expiations.

La royauté, la servitude, la richesse et la
pauvreté sont des expiations.

La vertu des rois, le courage des esclaves,
la vigueur d'esprit des humiliés, la libérale
grandeur des riches sont rares. Tous, par la
vertu, le courage, la vigueur d'esprit et la libérale grandeur, conjureraient la fatalité ; tous
progresseraient dans la voie des améliorations
s'ils étaient convaincus de la justice de Dieu
et des promesses de la vérité éternelle.

La justice de Dieu nous prête à tous le mê-

me appui et nous accable tous du même fardeau. Elle nous promet les mêmes récompenses
et nous humilie de la même façon. Elle nous
éclaire avec le même flambeau et nous abandonne avec la même rigueur.

Ne préludons pas à notre déchéance intellectuelle par la négligence des principes religieux, et dirigeons notre esprit avec la pensée
sans cesse rappelée de l'infaillibilité de la justice divine. L'amour et la sagesse du créateur
le préservent de tout excès. Les indécisions et
les retours de la volonté lui sont inconnus,
ainsi que les faiblesses de la prédilection.

Implorons aide et merci ; mais que nul n'i-
magine les obtenir sans la purification de son
âme.

Vivons du mieux que nous pouvons dans le
présent que notre passé détermine, c'est nous
préparer un meilleur avenir.

XX

**Désir d'une vie future extra-mondaine tant
que nos sociétés sont désordonnées et que
notre terre est le séjour des méchants.**

L'homme est un dieu tombé qui se souvient des cieux.
A. DE LA MARTINE.

Chacun imagine et désire la survivance de sa propre individualité, *mais ce qu'il conçoit et ce qu'il attend pour soi, il faut qu'il le conçoive et l'attende relativement à son semblable.* Ces deux points de vue, très différents l'un de l'autre, ne sauraient néanmoins, être séparés.

Il n'importe que tout en croyant qu'il vivra, chacun puisse être indifférent à la pensée que les autres vivront et s'inquiéter fort peu du lieu où ils iront et de la manière dont ils y seront. Cette indifférence est sans résultat : ce que reçoit un des fils du même père est le partage des autres. La réalité est la même pour tous.

La terre a été depuis bien des siècles et elle est encore, pour l'immense majorité des hommes, un véritable séjour de douleurs. C'est qu'ils y sont *tour à tour* trompeurs et trompés, voleurs et volés, battants et battus, vendeurs et vendus, bourreaux et victimes. Dans ces conditions de vie agitée et douloureuse, chacun a hâte de quitter au plus vite et de laisser au plus loin cette terre de méchants et ces sociétés de maudits qui tyrannisent presque tous leurs membres.

Il a même fallu naguère que la nécessité de

la conservation de la vie corporelle fût bien profondément gravée dans la conscience obscure et nuageuse des vivants, pour que les malheureux humains résistassent au suicide. C'est qu'aussi tous ces contemporains, sauf de rares exceptions, se valaient : ces victimes de la veille et ces bourreaux du jour devaient vivre ensemble et s'améliorer en même temps. Cette nécessité de vie commune a produit l'état actuel de la terre et des sociétés modernes.

N'accusons pas ceux qui vécurent dans ces temps plus ou moins éloignés, car nous étions de ceux qui agirent alors : leurs actes sont les nôtres ; ce serait sur nous que nous déverserions l'injure.

Si nous rappelons le passé, que ce soit pour plaindre l'aberration qui nous a fait les malheureux acteurs de ces drames sanglants et dans le but de provoquer la recherche des moyens d'en éviter le déplorable retour.

Les monstres les plus malfaisants ont à peu près disparu et nous pouvons actuellement tenir, non seulement à conserver la vie, mais à la prolonger dans des conditions analogues à celles qui causent notre bonheur en ce monde. Nous pouvons être progressivement, si ce n'est

d'une manière immédiate et absolue, délivrés
du mal et dotés du bien. Notre terre nous
plaira de plus en plus, à mesure qu'elle sera
davantage le séjour de la vertu, *c'est-à-dire à
mesure que chacun de nous sera meilleur, disposé à plus de charité et moins enclin à vivre
aux dépens de son semblable.*

Quelques-unes de nos sociétés, quoique encore si troublées, nous déplaisent moins
parce que nous valons mieux et qu'en nous
améliorant et en devenant moins avides de tyrannie et de domination, nous en faisons disparaître le gehenne de l'esclavage et du ser-
vage, les tortures de la misère, l'iniquité des
privilèges de castes et de races et les jongle-
ries de la science exploitant l'ignorance.

*Pour qu'il n'y ait plus que des égaux et des
frères, il faut que tous nous soyons devenus bons.*
Prétendre à l'un sans chercher l'autre, c'est
vouloir l'impossible. Le meurtrier et le maître
d'hier sont destinés à être la victime et l'esclave d'aujourd'hui ; trouveront-ils à leur tour
qui les frappe et les asservisse ? *que chacun
essaie d'être juste et dévoué ; que ce soit immédiatement, puisqu'il faudra que ce soit plus tard.*

Le gout que nous prenons de plus en plus à

cultiver notre terre, à la rendre moins malfai-
sante et plus productive ; l'ardeur croissante
avec laquelle nous nous attachons à elle afin
de l'associer davantage à notre vie ; le soin
avec lequel nous l'embellissons et l'améliorons,
non pas seulement pour nous, mais pour nos
enfants et notre postérité, tout cela devrait
nous faire croire que nous nous trompons en
acceptant comme une récompense divine de
nos mérites, l'abandon de ces mérites eux-
mêmes, c'est-à-dire des efforts heureux que
nous avons faits en vue de rendre la vie plus
facile dans le monde que nous habitons et les
sociétés humaines dont nous faisons partie.
Nous devrions comprendre qu'au contraire,
nous devons y revenir afin d'y acquérir la
vertu dont nous sommes capables et de donner
à la société le développement dont elle est susceptible.

Les croyances sur la vie future seront essentiellement modifiées avec l'amélioration successive des sociétés humaines. La vie devenant plus heureuse, le désir naîtra de la recommencer dans les mêmes conditions.

Pour que les femmes soient amenées à dire
qu'elles veulent revivre avec des enfants, et

qu'en échange du bonheur de la maternité, elles acceptent une existence terrestre nouvelle, pour qu'elles enseignent leur croyance de filles, d'épouses et de méres aimantes, il faut que nous leur donnions, dans la vie présente, cette précieuse personnalité dont elles n'ont jamais joui. Alors seulement elles pourront dire comment elles entendent que les besoins de leurs cœurs soient satisfaits pour le présent et pour l'avenir.

Tant que dans la société la femme sera légalement et civilement dans une sorte de demie servitude à l'égard de l'homme, elle doit aspirer à s'affranchir. L'idée de retrouver dans la vie future un ancien maître, n'est pas plus attrayante que la perspective d'en reprendre un nouveau lors du retour en ce monde.

Que les femmes grandissent donc en personnalité et en dignité, et elles pourront librement suivre leur penchant, qui est de revoir leurs enfants et d'en retrouver qui soient ornés de toutes les vertus et de tous les mérites, afin que, voyant en eux leur idéal, elles puissent être des mères heureuses autant que dévouées.

Pénétrées également de cette idée qu'elles ne sont pas à tout jamais vouées au sexe fémi-

nin et qu'ultérieurement un rôle d'homme
pourra leur être attribué, elles assureront le
succès définitif de la croyance à la vie continue.
Ce sont elles qui, défrichant nos cœurs, nous
rendent bons, sociables et religieux. Ce sont
les meilleurs des apôtres, et ce qui réussit le
plus vite, c'est ce qu'elles se chargent de pro-
pager. Qu'elles arrivent à penser qu'à tout
jamais la mort ne sépare pas la fille de son
père, l'amante de son amant et la mère de son
enfant ; qu'elles aient la conviction de revoir
leurs pères, leurs époux et leurs enfants bien-
aimés, il faudra bien alors rectifier ce qui a
été dit des joies du paradis, bonheur sans attrait pour qui ne retrouverait ni son enfant,
ni son époux, ni son père et qui ne ressenti-
rait aucune des affections qu'ici-bas il a goû-
tées, ni des sentiments qui ont charmé son
existence.

Alors disparaîtrait à la fois cet autre monde
en dehors de tous les mondes et de toutes les
conditions de vie acceptables, et aussi la
croyance désolante au néant après la mort.
Alors tous les liens d'amour qui rattachent les
hommes entre eux et avec la nature seraient
ravivés ; alors, tous communiant dans la foi à la

vie continue, chacun chercherait uniquement son salut dans l'accomplissement utile à ses frères et à lui-même de sa propre amélioration intellectuelle, et morale, chacun traverserait ce monde en faisant le bien.

Ceux qui marcheront plus vite iront habiter ensemble des demeures préférables, les retardataires seront exclus de la terre améliorée.

XXI

NÉCESSITÉ DU RETOUR A LA VIE CORPORELLE

Cependant Enée voit un paysage plein de charmes... et sur les rives d'un fleuve qui le borde, une immense multitude formée de peuples et de nations divers.. Quel est, dit-il, ce fleuve et quels sont ces hommes si nombreux ? Tu vois, répond Anchise, les âmes auxquelles le destin réserve d'autres corps. Depuis longtemps, ô mon fils, je désire t'instruire de ces vérités et te montrer la série de nos descendants qui sera prise parmi ceux qui déjà furent habitants de la terre. O mon père, faut-il croire que des âmes libérées reprennent des corps grossiers ; d'où provient le désir d'une vie douloureuse... Le voici, ô mon fils... Arrêtées et alourdies par leurs enveloppes terrestres et périssables, les âmes humaines perdent le sentiment de leur céleste origine. Enfermées dans les ténèbres d'une obscure prison, elles ne songent pas à regarder au-dessus d'elles ; aussi, après le dernier souffle du corps, elles restent marquées de souillures

5

invétérées que seuls des moyens éner-
giques sont capables d'effacer... chacun
souffre dans ses mânes et selon leur
état. Tu vois les âmes qui ont fini
d'errer, Dieu les appelle toutes aux bords
du Léthé, afin que, réellement oublieuses
du passé, elles se préparent à revoir la
terre et commencent à vouloir retourner
de nouveau dans des corps matériels.
Avant que l'on soit reçu parmi les rares
habitants de l'Elysée, de longs jours
doivent être écoulés, et il est nécessaire que le cycle des âges étant accompli, toute tache ait disparu, laissant au
souffle divin la pureté de sa substance.

VIRGILE, *Enéide*, livre 6.

Pythagore, rappelant quelques-unes
des existences corporelles qu'il avait
successivement vécues sur cette terre,
disait avoir été le guerrier Euphorbe,
Hermothimus et le pêcheur Pyrrhus.
Il avait reconnu dans le temple d'Apollon
le bouclier que Ménélas, à son retour de
Troie, avait consacré à ce Dieu, en
reconnaissance de sa victoire sur
Euphorbe.

Vie des anciens philosophes.

Tant que l'âme n'a pas atteint son but, *elle
doit travailler à son avancement*, et l'existence
corporelle étant la condition de ses premiers
progrès, *elle doit subir l'épreuve de séjours
répétés dans ce monde.*

L'amélioration étant lente et *difficile, surtout
pour nous qui avons dévié du droit chemin,*
tous nous devons revenir maintes fois et
reprendre successivement bien des corps.

A chaque séjour sur la terre, l'âme peut faire un pas en avant. Celui qui travaille progresse et abrège le nombre toujours très grand de ses épreuves.

Quand nous serons tous suffisamment améliorés, la volonté de Dieu s'accomplissant parmi nous et par nous, la terre sera son royaume.

En quittant la vie, chacun regrette ceux qui lui furent chers et dont la présence lui donnait le bonheur. Il regrette l'œuvre qu'il a commencée, le champ qu'il a cultivé, la maison qu'il a élevée, les sciences qu'il a étudiées et perfectionnées, le pays qui l'a vu naître, celui qu'il a habité et embelli, ceux qu'il a parcourus, le ciel et les astres qu'il a observés et admirés et dont il a pu en partie dévoiler les mystères. Il aspire, si ce n'est à rejoindre les siens, au moins à retrouver des affections et des sentiments analogues.

Chacun, en définitive, voudrait, redevenant jeune, continuer la vie dans des conditions moins difficiles et avec des compagnons plus sociables. Ce désir si hautement manifesté est exaucé par avance, il n'est qu'une réminiscence de la réalité. Un bon père laisse toujours à ses enfants un moyen de rentrer en grâce.

La raison dit qu'il y aurait injustice à priver sans retour, de la félicité due aux justes pour l'éternité, ceux qui n'ont pas pu ou n'ont pas su s'améliorer assez pour la mériter dans le peu de jours qui séparent la naissance visible de la mort apparente.

Admettre que l'homme vive physiquement plusieurs fois, c'est avoir l'intelligence de la justice de Dieu à l'égard de nous autres hommes qui nous trouvons dans des conditions morales inférieures ; savoir que l'existence charnelle est renouvelée, c'est connaître qu'il y a pour nous un moyen de racheter nos erreurs par de nouvelles épreuves, c'est avoir compris l'avenir et s'être mis en possession d'un juste sujet d'espérer.

Le courage se ranime et se soutient à cette pensée, que l'infériorité momentanée ne nous deshérite pas à tout jamais du bien suprême et que nous pourrons le conquérir par de nouveaux efforts dès que nous le voudrons. Jusqu'au dernier jour de la vie nous acquérons, mais le lendemain nous manque, semble-t-il, pour profiter de cette science tardive. Dieu n'en a pas permis la perte et sa bonté nous fournit à tous, en nous rendant la vie, l'occasion de l'utiliser.

L'acquis d'une vie antérieure est certain et très sensible quant à ces enfants que nous disons prodigieux parce que leur facilité pour comprendre et retenir nous confond, et quant à ces hommes que nous appelons des génies parce qu'ils atteignent comme en se jouant les plus hauts sommets des connaissances humaines; il est plus ou moins appréciable chez nous tous, qui sommes à tous les degrés imaginables d'avancement intellectuel et qui tous présentons, d'une manière plus ou moins accentuée, des aptitudes déterminées et des vocations particulières.

XXII

LES VIVANTS SONT L'AVENIR, LEUR PRÉSENCE ACTUELLE ET ULTÉRIEURE

> Druides qui vivez dans les retraites sacrées au sein des forêts profondes... suivant vous, les ombres des morts ne descendent ni dans les silencieuses demeures de l'Erèbe, ni dans les pâles royaumes du Dieu de l'abîme Le même esprit, après la mort, gouverne un autre corps dans un autre globe. Si vos chants disent vrai, la mort n'est que le milieu d'une longue vie.
>
> Lucain. *La Pharsale.*

> On ne dit pas d'un Druse qu'il est mort, mais qu'il s'est transmigré.
>
> Gérard de Kerval. *Voyage en Orient.*

D'où viendraient-ils ces êtres qui vont nous succéder, s'ils n'étaient ceux qui furent hier. Où vivraient les idées, les passions, les mœurs, les préjugés, les sciences et les arts de la génération future, s'ils n'existaient pas déjà. Tout cela ne sortira pas du néant. Ce sont les morts qui ressuscitent avec leurs pensées et leurs aptitudes éclairées et modifiées pendant l'interrègne de la chair.

L'humanité a toujours pensé, et avec raison, qu'elle ne donnait que la vie matérielle semblable à la sienne, et qu'elle était impuissante à transmettre l'âme, œuvre directe d'un Dieu créateur.

En vain les philosophes athés ont voulu lui persuader qu'il n'y avait qu'une question d'organisme : ils n'ont pu convertir le monde. La distinction des âmes d'avec les corps est le sentiment des hommes. Il faut que nous ajoutions à cette croyance celle de la préexistence des âmes et *de la pluralité de leurs réunions à des corps humains, seule* explication possible de la durée des sociétés, comme du développement logique de la civilisation par le progrès combiné des qualités morales et des facultés intellectuelles des individus.

Nul n'est assez primitif pour reporter seulement au jour de sa naissance corporelle, la
date du fait créateur auquel il doit, avec la vie,
la faculté de la diriger vers le bien.

Ne vous agenouillez pas devant le veau d'or
lorsque vos frères manquent de nourriture et
de vêtement, car la justice vous dit : ceux qui
ne pensent maintenant qu'à des choses inutiles, seront forcément dépourvus du nécessaire
dans un autre temps.

Ceux qui jouissent à présent des honneurs
humains, n'ont que des humiliations à prétendre plus tard, et tous ceux qui se complai-
sent dans les jouissances charnelles et tous
ceux qui mettent leur bonheur dans la
possession des richesses et du commandement
seront à leur tour des pauvres, des serviteurs
et des parias.

Vous aurez faim et soif, riches égoïtes; vous
demanderez du repos, oisifs orgueilleux; pauvres sans résignation et opprimés en révolte,
la suite de vos expiations vous réclamera les
uns et les autres. Confondus au retour, vous
subirez l'oppression, la misère et le travail
forcé ; nul ne s'inquiètera de vos cris de dé-
tresse.

Hâtez tous, par le perfectionnement de vos
âmes, la pratique de la loi divine. Pour être
observée, cette loi demande des hommes régé-
nérés et des sociétés délivrées de l'égoïsme,
de la convoitise, de l'envie et de la haine, ainsi
que des fureurs qui en proviennent.

XXIII

IDENTITÉ DES GÉNÉRATIONS SUCCESSIVES

> C'est pourquoi cherchez premièrement
> le royaume de Dieu et sa justice, et
> toutes ces choses vous seront données
> par surcroît.
>
> Saint-Luc, chap. 12, v. 31.

> Souffrez la loi dont vous êtes les au-
> teurs.

Il a été dit : « Faites à autrui ce que vous
voudriez qu'il vous fût fait à vous-mêmes. »
Comprenons bien qu'il en doit être ainsi pour
le temps présent et pour l'avenir, car si les
générations se succèdent *différentes par les corps,
elles sont identiques par les âmes.*

Les hommes actuels font la condition aux
générations suivantes. Est-il juste qu'ils la
leur fassent mauvaise ? — Assurément non.
Il faut donc que ceux qui ont préparé le mal, le

subissent eux-mêmes, c'est-à-dire qu'ils revien-
nent dans ce but.

Vous qui faites une loi inique et cruelle,
vous croyez en profiter : vous la faites pour en
jouir ; après vous le déluge, pensez-vous ! Au
contraire, vous en souffrirez. Vous croyez
n'être que lo présent, vous vous y cantonnez :
erreur ! Après *avoir été le passé, vous êtes l'a-
venir.* Les conséquences de vos fautes person-
nelles pèseront directement sur vous. Faites
donc la vie facile à vos contemporains et à vos
successeurs, car c'est travailler pour vous mêmes.

Nous qui sommes aujourd'hui sur terre, si
demain la mort survient, nous croyons notre
tâche remplie. Il n'en est rien. *Il faut revenir.*
Mon corps étant anéanti, dira celui-ci, je ne
puis le raviver. N'est-il plus de femme dans
le sein de laquelle vous puissiez en retrouver
un ? Ce phénomène s'est accompli pour vous
une fois au moins : il peut se renouveler.

Les corps se succèdent différents, cela nous
fait croire que les intelligences qui les font
mouvoir sont autres : apparence indispensable. Les intelligences parties, les âmes expi-
rées, les esprits éloignés se réincarnent et re-

vivent de la vie sensible : la génération d'hier est celle d'aujourd'hui. *Elle a repris un autre vêtement ; il ne faut pas qu'elle se reconnaisse*, elle aurait horreur d'elle-même, et les haines se ravivant aux signes qui luiraient sur tous les visages des coupables, elle serait paralysée dans sa marche.

Hommes du passé, nous nous retrouvons dans le présent par nos idées, que nous avons bien de la peine à modifier ; par notre inclination à suivre une même voie dans laquelle il nous est bien difficile de nous arrêter. Occupés de vivre et de poursuivre les quelques jouissances que l'égoïsme nous offre, nous ne nous inquiétons pas de l'avenir. En vain, les révélations nous arrivent ; en vain, après avoir étudié dans le silence, quelques-uns nous livrent le résultat de leurs travaux, nous ne les écoutons pas et suivons le sillon commencé. Puisque demain je dois mourir, qu'importe demain : jouissons s'il y a moyen ! et l'on poursuit aveuglément sa route.

Quand comprendrons-nous que ce *demain*, dédaigné comme l'impossible, *est la seule réalité ; que l'avenir terrestre est notre lot* et que nous graviterons ici-bas, de la vie à la mort matérielles incomprises, tant que nous ne serons pas devenus meilleurs et tant que de ce triste séjour nous n'aurons pas fait l'habitation des justes ?

Si cette vérité était connue, qui se refuserait à préparer sa place future ? *qui songerait à obtenir des avantages d'un moment parmi des privilégiés d'un jour, sachant que l'inexorable justice va le ressaisir et le rejeter dans cette plèbe qu'il aura dédaignée et asservie ? qui voudrait être prince cruel et despote sanguinaire, pour ressusciter fellah ou raïa torturé ; se montrer maître injuste, pour revivre esclave flagellé ; ou propriétaire avare, quand le prolétariat sera son sort futur ?*

Réfléchissons, interrogeons l'idée que Dieu nous a donnée de son existence ainsi que de sa justice, et nous comprendrons. Alors agissons en conséquence. Que ceux qui voudront améliorer leur sort ne s'inquiètent pas de la négligence de leurs contemporains. On nous l'a dit : « Il y a plusieurs demeures dans la maison de notre père. » Il n'est pas qu'une terre, et pour ceux qui sont rentrés dans les voies de la justice, comme pour ceux qui les ont constamment suivies, Dieu a préparé des habitations dignes de les recevoir. A l'œuvre, maintenant, sortons des voies de l'iniquité, car, revêtus de nouveaux corps, nous habiterons de nouveau la terre. Agissons pour en renouveler la face. De la sorte, loin d'être pour nous un sujet de crainte, le retour en ce monde brillera comme une espérance.

Méchants, nous revenons parmi des méchants ; justes, nous nous retrouverons au milieu des justes.

XXIV

LA SURVIVANCE DE L'AME SANS RETOUR A LA VIE CORPORELLE, SERAIT ANTI-SOCIALE

Ce qui est né de la chair est chair, ce qui est né de l'esprit est esprit.

Ne vous étonnez pas de ce que je vous ai dit qu'il faut que vous renaissiez de nouveau.

S. Jean, chap. 3, v. 3, 4, 6 et 7.

Et si vous voulez comprendre ce que je vous dis, c'est lui-même qui est cet Elie qui doit venir. Que celui-là l'entende qui a des oreilles pour entendre.

S. Mathieu, chap. 11, v. 14 et 15.

Mais Jésus leur répondit : Il est vrai qu'Elie doit venir et qu'il rétablira toutes choses ; mais je vous déclare qu'Elie est déjà venu et ils ne l'ont point connu. Alors ses disciples comprirent que c'était de Jean-Baptiste qu'il leur avait parlé.

S. Mathieu, chap. 17, v. 11, 12 et 13.

La perpétuation de la vie isolée et la conservation de l'individualité en dehors du groupe auquel elle est unie d'une manière providentielle et indissoluble, n'est pas une base suffisante pour la morale. Si telle est la croyance, il n'y a ni reconnaissance pour ce qui fut, ni confiance en ce qui sera. On sait le peu de respect des nouveaux pour les anciens et de la jeunesse pour la vieillesse. Nous savons le peu de considération que les jeunes artistes et littérateurs ont pour ceux qui les précèdent, et les sentiments d'estime et d'espoir que ceux-ci leur rendent.

Quelle n'est pas la position de bien des hommes entre leur père et leur fils, espérant l'héritage de l'un et se défiant d'une semblable appétence chez l'autre.

La croyance aux âmes détachées des corps et enlevées pour toujours dans un ciel dont on n'a aucune idée, ou plongées à tout jamais dans un enfer inadmissible, ne satisfait plus la grande majorité des hommes. L'affaiblissement de cette croyance vient de ce qu'elle délie le croyant de son prochain, pour ne le rattacher qu'à son Dieu. Celui-ci, disent ses ministres, commande d'aimer le prochain, mais

ils se gardent bien d'ajouter que le ciel est
réservé à ceux qui auront conformé leur conduite à cette loi d'amour, tandis qu'ils ne
repoussent pas cette idée, que l'enfer pourrait
même recevoir ceux qui, ayant été charitables,
auraient négligé les pratiques dévotieuses.

L'humanité, qui repousse cette croyance
comme désolante, accueillera celle plus utile à
la société et meilleure sous tous les rapports,
le nouveau code établissant *que tous les hommes
constituent une seule famille, incessamment
mêlée ici-bas, se retrouvant dans l'espace et se
rapprochant de nouveau sur cette terre ou sur
d'autres.*

Goûtons les charmes d'une doctrine qui enseigne la fraternité des hommes dans la dépen-
dance d'une paternité divine, qui recommande
la force dans l'adversité, la modestie dans la
fortune, le mépris des injures et la pitié pour
tous les coupables; d'une doctrine qui démontre
le bonheur futur en appuyant sa démonstration
sur la sagesse, la justice et l'amour du créateur.

XXV

La théorie athée : après la mort, rien, est anti-sociale. — Nous sommes ceux qui viendront.

> Nous profitons de l'acquis de ces génies dont la science native nous étonne et qui sont les vétérans de la vie corporelle et du travail multiplié. De même, nous subissons le contact de ces habitués du crime qui, dès le premier âge, nous épouvantent par leur perversité.

Croyants et athés, les uns et les autres s'imaginent que leur vie commence à la naissance du corps et finit dès qu'il devient inerte. Elle est uniquement pour eux dans cette forme visible qui le manifeste durant quelques jours. Les premiers pensent qu'au moment où le corps cesse de fonctionner, ils vont se retrouver tout entiers, sans savoir où ni comment. Les seconds disent : après nous, rien.

On ne saurait protester trop énergiquement contre cette dernière théorie, avec laquelle il n'y a ni famille, ni société. A moins d'une heureuse inconséquence, ses partisans pourraient tout se permettre pendant leur vie ; mais, Dieu en soit loué, on peut tenir à presque tous le langage qu'un philosophe genevois faisait entendre à l'un d'eux : « Erreur que tout cela, tu crois en la bonté et tu sais que le bien prévaudra Dans ton être ironique et désabusé, il y a un enfant, un simple, un génie attristé et candide qui croit à l'idéal, à l'amour et à la sainteté ; tu es un faux sceptique. » Amiel.

Quant à l'autre théorie, quoique moins désolante, elle n'est pas plus acceptable. Elle tend à nous séparer par la mort du reste des créatures et à diviser d'une manière absolue des êtres dont la destinée est essentiellement collective. Il faudra donc reconnaître qu'elle est antipathique à la nature humaine et qu'elle a le tort d'établir entre les hommes un égoïsme radical contre lequel devront réagir toutes les facultés de l'âme.

Les uns et les autres arriveront à comprendre qu'ils existaient avant cette naissance, unique selon eux. Ils accepteront cette théorie, que, lors de la mort, leur être ne s'est pas évanoui, et que si leur personne s'est éclipsée un moment, elle va reparaître retrempée et rajeunie, afin d'avancer dans la voie du progrès toujours ouverte devant elle.

La vérité, c'est la continuité de la vie. Nous ne nous en sommes pas rendu compte. Le moment est venu de la comprendre. Quel est celui d'entre nous qui ne surprend en soi la science de choses qu'il croit n'avoir pas apprises, et qui ne s'est pas étonné de la spontanéité comme de la persistance de certaines vocations et de la différence des aptitudes, aussi bien que de l'avancement ou de l'infériorité intellectuels de quelques-uns de ses contemporains.

L'antériorité de la vie est l'explication de ces inégalités apparentes et, en même temps, la justification du progrès moral, c'est-à-dire *de l'amélioration successive des mœurs ou habitudes individuelles et sociales.*

XXVI

DONNER AUX HOMMES L'EXEMPLE DU BIEN, C'EST LE SEUL MOYEN DE LES DÉLIVRER DU MAL.

Un homme, en grandissant intérieurement, en redoublant en soi, par un effort sublime, la vie morale, fait, sans qu'il le sache, une révolution dans le genre humain qui, tôt ou tard, est obligé de se mettre à son niveau..... à mesure qu'il s'élève, il oblige l'univers de monter avec lui.

Ed. QUINET. *Le Christ et la révol.*, p. 403.

Hélas ! tous les humains ont besoin de clémence !
Si Dieu n'ouvrait ses bras qu'à la seule innocence,
Qui viendrait dans son temple adorer ses autels ?
Dieu fit du repentir la vertu des mortels!
　　　　　　　　　　　　VOLTAIRE.

D'une génération à l'autre, l'humanité terrestre étend le domaine du bien et rétrécit le champ du mal.

On voit comment : c'est que les êtres qui la composaient se sont améliorés. Ils ont appliqué leur volonté, qui les avait faits mauvais, à la recherche et à la pratique de la vertu.

Agir autrement, c'est tourner dans un cercle vicieux. Celui qui s'y renferme prouve qu'il n'a ni réfléchi, ni compris et qu'il est toujours méchant. Il prouve que, loin d'être prêt à faire le bien, il ne l'entrevoit même pas dans sa conscience enténébrée. C'est à ceux qui ont été plus heureux à lui donner un bon exemple. C'est le seul moyen de le délivrer du mal. La vue du bien est aussi salutaire que celle du vice est funeste.

Nous sommes des êtres perfectibles, nous suivons un mouvement d'amélioration progressive. Montrons donc à ceux qui se livrent au mal, notre conviction qu'avec le temps et la réflexion, ils perdront leur méchanceté, qu'ils changeront par l'influence de l'expiation et plus encore par l'effet persistant et irrésistible du principe divin qui sommeille en eux. Faisons surtout qu'ils se persuadent que nous sommes immédiatement prêts à les absoudre s'ils font ce que nous avons fait. *Ils sont en retard de peu de jours* : ils sont aujourd'hui ce que la masse était hier encore peut-être. Soyons indulgents, nous tous qui avons profité de l'indulgence et pouvons encore avoir besoin de pardon.

Nul n'est mauvais en substance : le plus vicieux est un de nos frères que sa volonté a conduit vers l'état où il se trouve et que sa volonté peut mener d'un autre côté ; c'est un frère souffrant, malade par suite des pensées d'envie, de haine et de vengeance qui le dominent. Au lieu de le condamner, efforçons-nous de le guérir et de l'amener à la santé, c'est-à-dire à la bonté. Si nous ne réussissons pas, un temps viendra où nos successeurs obtiendront ce résultat désirable.

XXVII

AIMER, ENSEIGNER, TRAVAILLER

Le dévouement est plus profitable que l'égoïsme. C'est pour soi que l'on prépare ce que l'on paraît donner à ses semblables.

L'homme que nous admirons est celui qui à

chaque instant se dévoue. Nous disons tous qu'il consacre sa vie à l'amour, à la science, à l'œuvre utile qu'il a choisie ; mais nous sommes loin de penser tous que cette activité persiste au-delà de ce que nous appelons la mort.

Nous voyons dès à présent que celui qui est aimé et celui à qui l'on enseigne, ont leur vie propre qui, en effet, se développe au contact d'une autre vie. Bientôt nous apercevrons aussi clairement les uns et les autres de quelle manière tous ces vivants, maîtres dévoués et disciples aimés, revenus ensemble continuent à vivre les uns à côté des autres. Nul n'admettra plus ni qu'au moment où la vie échappe à nos sens bornés, rien n'en reste, et que toutes ces vitalités ou se perdent ainsi que des flammes éteintes dans la nuit éternelle des athés, ou passent à l'état d'âmes isolées dans le ciel éternel des croyants.

Une conviction générale, ferme et active sur ce point capital, doit contribuer à nous faire avancer rapidement. Elle viendra donner à notre morale, une base plus pratique. On nous dit bien que tous les hommes sont frères et égaux, mais cependant on agit comme si l'inéga-

lité apparente constituait une distinction origi-
nelle et définitive. Cette conduite sera nécessairement impossible une fois admis que la condition et la nationalité du jour ne seront plus
celles du lendemain, et qu'en tous pays, nobles-
se et roture, richesse et pauvreté, puissance et
soumission, alterneront sans cesse.

Aimons nos semblables, instruisons-les et
sachons que travailler pour eux, c'est agir
dans notre propre intérêt. Quelques-uns d'entre eux ont naguère agi de même pour nous,
et plus tard d'autres encore se dévoueront en
notre faveur. Nous avons et nous aurons certainement besoin de nos aides réciproques durant toutes les phases de la vie immortelle.

Le dévouement est le plus sûr des égoïsmes.

Attachons-nous à cette croyance que le
but de la vie corporelle, ne pouvant être atteint en une seule fois, la succession des
existences matérielles est la loi des êtres
humains unis entre eux comme des frères par
des liens d'une étroite solidarité. Sachons qu'il
est de devoir pour nous de nous traiter tous
comme membres d'une même famille, et pré-
parons en même temps, par les actes de notre
vie actuelle, notre retour commun dans une

situation moins tourmentée par les passions
humaines et moins combattue par les forces
domptées de la nature.

XXVIII

LE PROGRÈS DES SOCIÉTÉS DÉPEND DE L'AMÉLIORATION SUCCESSIVE DES INDIVIDUS

> Il faut régénérer notre Société par la
> morale et la justice : oui, il le faut ; mais
> ce qu'il ne faut pas, c'est qu'un langage
> si excellent reste un axiome de rhéteur,
> un son qui frappe l'air et qui endorme
> les illusions sans faire mouvoir les vo-
> lontés. L'espérance de temps meilleurs
> est permise, mais sous la condition es-
> sentielle que, non seulement la majorité
> des citoyens, mais l'unanimité, remplira
> strictement et courageusement, chacun
> dans sa sphère, ses devoirs de tout
> ordre privés, publics et professionnels.
>
> RENOUARD, *Discours de rentrée*, 1872.

Notre mission accessoire est d'améliorer notre société, et notre domaine ne saurait être
accomplie indépendamment de notre amélioration individuelle, but principal de la vie.

Dès à présent, il est admis que chacun est
agent et intéressé de la société, propriétaire
d'une partie de l'actif social et participant à
son administration, aussi bien qu'à ses profits

et à ses pertes. Quoique généralement consa-
crées par la philosophie, la science et la litté-
rature, ces idées entrent dans la pratique seulement chez quelques nations avancées. Leur
application, il est vrai, rencontre encore les
redoutables résistances de l'égoïsme et elles
n'ont pas cours chez bien des hommes. Elles
dominent chez les peuples éclairés par la religion, la politique, les sciences, les lettres ou
l'industrie, là où le sentiment du progrès,
c'est-à-dire de l'amélioration humaine entré
dans les intelligences et les cœurs, est passé
dans les mœurs.

Ces nations, avant-garde de l'humanité, reconnaissent et proclament la théorie du progrès,
parce qu'elles sont constituées au moyen de la
réunion d'un plus grand nombre d'âmes ayant
rapporté en ce monde, avec l'intention de travailler au bien sans relâche, le désir et la volonté de
commencer par la réforme d'elles-mêmes. Encore un pas et tous comprendront que le problème de la vie future n'a pas d'autre solution
acceptable que celle dont la continuité de la vie
est la base. Tous diront alors que, pour réaliser
ce progrès que l'on nomme la marche de la civilisation *sur la terre*, et qui doit être désor-

mais un résultat visible et positif, il n'y a pas d'autre moyen que *l'avancement successif de chacun des hommes dont la coexistence* constitue les agglomérations sociales et les peuples policés.

Le progrès ne saurait s'expliquer que comme une conséquence de l'avancement intellectuel et moral de l'individu : impossible sans cette cause, il n'est produit qu'autant qu'elle est d'abord réalisée. Le travail silencieux de l'amélioration individuelle se traduit par la réalisation du bien général arrivant au grand jour. C'est le seul moyen d'amener un mieux réel ininterrompu et durable.

XXIX

EXTINCTION DE L'IGNORANCE ET DE LA MISÈRE ADOUCISSEMENT DES PEINES.

> Apprenez, Roi des juifs, et n'oubliez jamais
> Que les rois, dans le ciel ont un juge sévère.
> L'innocence un vengeur et l'orphelin un père.
>
> RACINE, *Athalie.*

> Il est constant qu'il y a des moyens de remédier, au moins en partie, à chacun des inconvénients de la nature, et que les hommes, en combinant leurs efforts, sont en état de réaliser ces réformes....
> Qu'est-ce donc au fond que cette misère ?

C'est le défaut de vertu créatrice... La puissance de l'homme n'est pas moins fondée sur son intelligence que sur ses muscles. Donc cette puissance, loin d'être stationnaire, se développe continuellement. Aidé par la connaissance des secrètes dispositions de la nature, l'homme parvient à tourner les unes contre les autres, les forces adverses qu'elle entretient sur la terre et à la réduire par le seul effet des circonstances qu'il lui prépare et dans lesquelles il la laisse. Il a pour lui, non seulement sa force corporelle, mais encore toutes les forces qu'il a su enrôler aux dépens de l'ennemi. La nature, contrainte de travailler sous nos ordres... dépouillée de son indépendance primitive, soumettra toutes ses puissances à nos lois et, moyennant un travail de moins en moins onéreux, nous fournira tout ce qui est nécessaire à l'aisance de notre vie.

L'auteur termine en disant que par le progrès de la morale, de la politique, de la science et de l'éducation, nous pouvons amener la fin de tous nos maux et anéantir le vice, la méchanceté, l'ignorance, la pauvreté, la guerre et les tyrannies.

JEAN REYNAUD, *Ciel et Terre*, p. 87, 88 et 147.

Oublieux de ce qu'ils avaient eux-mêmes souffert quand ils étaient parmi les petits, les faibles et les misérables, et non moins impies et imprudents, les rois, les princes, les nobles, les bourgeois, les riches et les savants, tous les chefs enfin des sociétés, se sont vus bien des fois fustiger par ceux qu'ils avaient maintenus dans leur abjection, sans songer qu'à un moment quelconque, ceux-ci échapperaient à la discipline.

Les maîtres passagers du monde qui avaient méconnu leur mission, ont été punis pour avoir oublié l'ignorance et négligé la misère de frères qu'ils ont abandonnés sans secours à leur brutalité personnelle. Le monde verra finir ces révoltes accompagnées de tant de forfaits, que leurs auteurs doivent inévitablement expier et qui laissent après elles tant de ruines.

Si certains crimes ont déjà disparu, si d'autres diminuent en nombre aussi bien qu'en intensité, ce sont des preuves de l'amélioration morale des hommes. De même, la rigueur des peines décroît à mesure que le progrès de chacun se traduit par la civilisation des sociétés. Donc, à l'idée de la justice divine, à l'idée du châtiment et de la récompense, nous devons joindre celle de l'efficacité de la peine. Ayons de la reconnaissance pour la bonté divine se manifestant même sur ce point Elle a rendu le châtiment avantageux, elle a fait qu'il inspire le dégoût du mal en même temps qu'il excite vers le bien. Elle a donné à la peine le but et la force d'instruire et de moraliser. Qu'après avoir regardé autour de soi, chacun s'interroge et nous serons certains que s'il a trouvé dans le renvoi sur cette terre la peine générale la meilleure, Dieu en même temps a choisi pour chacun de nous, dans l'immense variété des douleurs humaines, celles qui doivent nous punir, mais aussi nous corriger et nous guérir; en d'autres termes, nous élever progressivement vers lui.

Une récompense ajournée n'est rien pour celui qui tient à être récompensé à l'instant même et à jouir d'une manière immédiate et complète du mérite de son œuvre; mais celui qui croit à l'avenir, voit ici encore apparaître la justice infinie. Chaque œuvre qu'il accomplit dans la voie du bien lui crée une situation meilleure dont il profite et fait profiter les siens. Il améliore son domaine propre et celui de ses frères.

La mise en présence de la nature terrestre est donc une peine admirable, car elle est organisée de telle sorte, qu'elle décroît avec toute amélioration du coupable. Elle contient en elle la récompense de toute soumission active.

Chercher et reconnaître une loi physique, c'est transformer en auxiliaire un moyen de châtiment. Nous n'avons donc qu'à étudier et à découvrir les règles auxquelles obéit la matière, et les forces qui nous sont opposées comme ennemies et justicières seront converties en puissances alliées.

XXX

PEINE DE MORT

> Nul n'a le droit de pardonner à un assassin, à moins de pouvoir ressusciter l'assassiné.
>
> Alex. Weil.

Les sentiments qui de nos jours accompagnent l'application de la peine de mort, font pressentir que l'on cessera d'y avoir recours.

Jadis, l'anathème, les raffinements du supplice, l'insulte du peuple et le corps abandonné aux bêtes fauves, tout cet appareil barbare et vindicatif était d'accord avec le sanglant sacrifice.

Il en est tout autrement aujourd'hui. Ce que l'on veut surtout, c'est que le condamné se repente, et, contradiction étrange, on ne lui laisse pour cela qu'un moment.

L'Eglise a méconnu sa mission. Elle aurait

dû proposer aux nations chrétiennes de supprimer la peine de mort et de lui confier les condamnés, afin qu'elle se chargeat de les remettre dans la voie du bien.

Autrefois, quand elle exerçait la justice temporelle, pour ne point mettre à mort, elle livrait le patient au bras séculier ; il serait à souhaiter que la justice séculière put à son tour déclarer son horreur du sang et livrer les monstres à l'Eglise, afin que celle-ci, les ramenant à Dieu, en fit des hommes.

Ce coupable que nous rejetons au dehors, était l'hôte nécessaire de ce monde. Il est notre compagnon forcé, nous n'avons obtenu qu'une trève dans sa vie criminelle, car, avant peu, notre communauté d'existence reprendra pour sa peine et la nôtre.

Pour qu'il n'y ait plus de décapitation, le seul moyen efficace, c'est qu'il n'y ait plus de victime désignée au bras fratricide, qu'il n'y ait plus d'homme ayant encouru l'épreuve de l'assassinat comme auteur ou victime Que les assassins disparaissent : enlevons les pensées homicides de la tête de ceux qui les conçurent.

XXXI

GUERRE

Nous les vaincus d'hier, osons le crier
à la face du monde témoin de nos récentes
défaites et que les ressentiments de notre orgueil blessé n'éteignent pas en
nous l'intelligence des vérités éternelles :
la paix est bonne, la guerre est criminelle. Notre bien aimée patrie ne peut
donner un plus éclatant témoignage de
renaissance, qu'en ne sacrifiant pas à ses
rancunes la cause de la civilisation.
Qu'elle dédaigne de demander à la force
la revanche qu'elle attend. Il est digne
d'elle de chercher dans la primauté du
droit, la réparation de ses maux et le
retour de tous ses enfants.

RENOUARD. *Discours de rentrée, 1872*

Le goût de la bataille s'est amoindri et l'on
ne recherche plus la lutte par passion. Un faux
point d'honneur l'impose; mais, funeste enchaîne-
ment de nos fautes, celui qui est frappé veut
frapper à son tour, chaque coup reçu est rendu
à l'instant, le sang appelle le sang. Aussi la
vie de peuples, même les plus civilisés, pré-
sente-t-elle une suite de cruelles représailles.
Il ne se peut qu'elles soient éternelles. Il faut,
au contraire, qu'enfin, il arrive un jour où,
renonçant à la violence, on ouvrira l'ère d'une
justice calme, impartiale et vraiment humaine;
mais alors il est indispensable que le dernier

vaincu rompe avec la tradition, consente à ne
pas poursuivre le dessein de prévaloir par la
force et se consacre tout entier à l'industrie,
aux sciences et aux arts, c'est-à-dire à toutes
les œuvres de la paix et de la fraternité, à toutes
ces œuvres qui tendent à l'amélioration de l'être
intelligent et moral. Plus le résultat de ses
efforts sera beau, plus le vainqueur, honteux
des succès de sa brutalité, aura hâte d'aban-
donner des conquêtes qui le mettent au-des-
sous de celui qu'il a dépouillé.

La guerre est incompatible avec un état de
civilisation avancé, et il faut qu'un jour nous
soyons délivrés de ces sanglants sacrifices
ainsi que nous le sommes d'autres fléaux.

Quoiqu'il en soit, le besoin de la légitime
défense ne permettra pas de si tôt aux peuples
les plus désireux de la paix, de cesser les efforts
et de diminuer les ressources qu'ils consacrent
à la préparation des moyens de détruire les
barbares qui pourraient les attaquer.

On a dit, mais c'est une erreur évidente,
que la guerre avait été et qu'elle serait encore
un instrument de progrès indispensable des-
tiné à vaincre des résistances rétrogrades, des
passions de retardement plus dangereuses.

que les impatiences les plus sauvages. La violence appelle la violence et légitime celle qui est employée à la défense des abus. Il faut toujours supporter, avec regret, dégoût et horreur, ces luttes funestes qui témoignent de notre ignorance et de notre barbarie actuelles. Si quelque bien paraît en sortir, c'est qu'après l'assouvissement de la méchanceté réciproque des adversaires et lorsque les passions respectives sont lassées, les germes de bien antérieurement répandus, peuvent se développer sans obstacle ; c'est que les hommes d'étude reprennent leurs travaux dès que cesse le tumulte des combats.

Dans l'horrible champ de mort, nous devons poursuivre d'une égale réprobation, le vainqueur dominé par son orgueil lui dérobant la vue des maux sans nombre dont il est l'auteur, et le fanatique haineux qui a soif du sang de son frère dont il fait son ennemi. Mais si nous honorons l'obscur soldat qui se donne sans réserve à la défense du droit contre la force, notre amour et notre admiration s'adressent à celui qui s'expose afin de diminuer le nombre des victimes et l'étendue des désastres de la guerre. L'admiration, le respect et l'amour sont aux dévoués, car chacun de nous comprend qu'il devrait l'être et que, par égoïsme, il ne suit pas l'impulsion de la généreuse faculté qu'il sent en lui, de sacrifier sa personne au bonheur des autres, de s'oublier pour eux et de les aimer jusqu'à ne plus songer à soi-même.

Orgueilleux vainqueurs, détestables incendiaires de Troie, de Carthage et de tant d'autres villes fameuses dont les restes nous frappent d'étonnement, vous avez aussi trouvé des conquérants impitoyables et vaincus, humiliés, vous êtes demeurés à votre tour sans abri sur les ruines de vos maisons détruites par le fer et le feu.

Européens ambitieux, vous changerez d'hémisphère et vous gémirez sous le joug que vous aurez préparé pour les têtes des africains et des asiatiques.

XXXII

PATRIE, GLOIRE

> Pourquoi désirer vivre Romain, consul et maître du monde, puisqu'il faut partir et qu'on peut être, au retour, Dace ou Pannonien, élevé pour les jeux du cirque ?

6

Il n'y a qu'une patrie, l'univers; qu'un
peuple, qu'une nation, l'humanité.

Notre vie personnelle étant liée à celle du
prochain, le sentiment de la patrie n'est hono-
rable et juste que s'il tend à faire de nos concitoyens les guides et non les dominateurs des
peuples. Où est l'avantage d'avoir été le vic-
torieux le plus obéi, quand on doit se retrouver
parmi les malheureux soumis à la servitude
cruelle que l'on aura organisée ?

Conserver éternellement l'égoïste souvenir
et la vaniteuse conscience des mérites douteux
acquis au milieu des dévastations et des ruines,
ce serait un remords éternel. La seule gloire
réelle et souhaitable est celle qui procède de la
puissance d'immolation de notre personnalité
à la patrie universelle, ainsi qu'à tous nos
frères, et se traduit par un bienfait dont profite l'humanité tout entière.

L'amant de la gloire possède justement
cette conviction, qu'il vivra dans la mémoire des hommes et que ses sentiments généreux, ses pensées sublimes et ses œuvres
admirables inspireront à ses contemporains
ainsi qu'à la postérité, des sentiments, des pensées et des œuvres semblables. Il fait bien d'ad-

mettre qu'il doit assister à leur réalisation ; mais qu'il évite l'égoïsme et l'orgueil, et qu'il agisse uniquement en vue des autres.

« Donc, que les morts qui se croient oubliés, se redressent ; qu'ils comtemplent cette foule, ces drapeaux, cette armée et qu'ils prennent leur part des honneurs que la nation rend en ce jour à ceux qui se dévouèrent pour elle ; c'est aussi devant eux que nous nous inclinons. »

Oscar FALATEUF
(Discours du 6 janvier 1883).

XXXIII

RÉBELLION PERSISTANTE, PEINE AGGRAVÉE. — SOUMISSION ET HUMILITÉ. — FIN DU CHATIMENT.

> N'est-il pas vrai que deux passereaux ne se vendent qu'une obole ? et, néanmoins, il n'en tombe aucun sur la terre sans la volonté de votre Père.
> Mais, pour vous, les cheveux même de votre tête sont tous comptés.
>
> Saint Matthieu, chap. X, v. 29 et 30.
> Saint Luc, chap. XII, v. 6 et 7.
>
> La vie matérielle est préparation et expiation.
> L'homme n'est pas sur terre pour se livrer à ses mauvais penchants, il y vient pour les vaincre.

Les forts et les faibles, les grands et les

petits, les peuples et les tyrans sont également
nos frères ; tous représentent l'expiation qui
atteint surement tous ceux qui ont failli. Il
faut surtout plaindre et traiter en frères ceux
qui faussent leur mission actuelle.

Nous sommes tous ou nous avons été naguère, dans une ou plusieurs vies précédentes,
des malfaisants. Les rôles de proscripteurs ou
de proscrits tiennent à une seule cause : la
malignité. Il n'y a entre les uns et les autres
qu'une différence, celle du temps. Nous échan-
geons successivement nos situations respectives. Ceux qui sont persécutés ont été des
maîtres impitoyables.

Quels seront ceux qui se lasseront les
premiers : les oppresseurs de la domination
ou les opprimés de la révolte ? Ceux-là rom-
pront l'orbite de malheur dans lequel tourne
l'humanité terrestre. Que chacun le tente dans
la mesure de ses forces. Le bien produit par
l'effort individuel se réalise dès que le grand
nombre se réunit afin de l'exécuter. Pour que
le but soit atteint, il faut que la masse de ceux
qui veulent y arriver entraîne dans son mouvement ceux qui résistent. Il en est ainsi de
tout progrès moral, nul ne saurait être accom-

pli, nulle civilisation n'est possible que dans ces conditions. Un abus quelconque ne se laisse étouffer que par d'imposantes majorités.

Que chacun se rende meilleur, nous serons tous plus heureux.

Il semble que nous soyons désormais enclins à procéder de cette sorte. L'opprimé trouve au fond de sa conscience ce sentiment confus, qu'il doit s'en remettre à son oppresseur du soin de sa délivrance et attendre de lui sa libération. Il procède par le raisonnement et la démonstration ; au nom d'un droit abstrait, il aspire à convaincre ceux dont il dépend.

Naguère, l'homme était en insurrection permanente contre sa destinée, dont son orgueil lui cachait la cause et le but ; possédant à cette heure une idée plus nette de son avenir, il est plus résigné dans sa situation présente. Exilé qui se souvient d'un séjour meilleur, il ne demande plus compte de ses souffrances à Dieu qui lui a infligé l'expiation terrestre. Les tribulations de la vie présente ont, il l'entrevoit, un caractère de justice. *Il les accepte, laissant à ceux qui en sont les instruments, la responsabilité de leurs actes devant le maître commun.*

La somme des maux de la victime a été

comptée, elle ne saurait être dépassée, elle ne peut qu'être allégée. Dieu, dans sa justice, a mesuré la souffrance du coupable, les hommes ne sauraient l'accroître : c'est à ceux qui ont le pouvoir de l'amoindrir à s'acquitter de cette mission providentielle et méritoire. Dieu nous a départi à tous son droit de pardonner, sachons en user.

Chacun doit comprendre que son rôle est de souffrir. Ne pas se résigner dans le malheur, c'est accuser la justice divine, c'est se prétendre injustement frappé.

Toi que la misère accable, sondes ta conscience ; te sens tu tel que tu es sorti de la pure pensée de la mère commune des âmes ? Vas-tu te soutenir plus malheureux que coupable, manquer à ton devoir, faire acte de rébellion et encourir une responsabilité qui est, certes, plus à redouter que la souffrance de quelques jours à laquelle tu tenterais de te soustraire sans pouvoir y parvenir.

Justiciable de celui qui dispose de l'infini pour punir comme pour récompenser, l'homme ne saurait échapper. Fils de son juge, qu'il s'abandonne à la bonté du père dont il a transgressé la loi.

Le monde actuel rejette ceux qui ont appelé la force et la violence à leur aide. Loin d'avoir pour eux amour et enthousiasme, il les redoute et se détourne avec épouvante. Les voix de quelques séides crient en vain et les acclament ainsi que des héros, le monde ne voit en eux que des rebelles égarés.

Un pas a été fait du côté de la vérité, la révolte répondra de moins en moins à l'oppression. Les excitations des impatients resteront sans écho : c'est qu'il a été appris que l'homme de la terre a perdu l'exercice de ses droits pour avoir méconnu ceux de ses frères.

Fille de Dieu et créée pour acquérir par elle-même et posséder, en les méritant, les perfections qui doivent distinguer les œuvres de son auteur, comme pour jouir des biens qu'il a produits, l'humanité a des droits ; mais déchu et venu en ce monde afin d'expier et de souffrir, l'homme de la terre n'a d'abord que des obligations : il ne recouvre ses droits qu'en devenant meilleur et en proportion de ses progrès vers le bien.

En face de notre déchéance à réparer, est le but idéal de l'humanité, voilà ce que les intelligences qui nous dirigent nous signalent, afin d'éclairer notre marche vers l'avenir ; mais c'est aux pasteurs des peuples, c'est à tous ceux qui disposent d'une force ou d'une puissance quelconque, à écouter ces avis et à guider dans cette route ceux dont la conduite leur est confiée ; leur mérite est à ce prix.

Quant aux peuples, quant aux inférieurs, quant aux souffrants, s'ils peuvent élever la voix, ce n'est que vers leur père qui leur donnera la résignation ; s'ils peuvent invoquer les droits de l'humanité, ils doivent, personnellement, se contenter de leur situation native, acceptant comme un bienfait toute concession qu'ils obtiennent : c'est une faveur qu'ils reçoivent, c'est une remise de peine qui leur est accordée.

Dans sa bonté, l'auteur de toutes choses a dit aux puissants et aux chefs : « Usez avec discernement du droit de grâce que je vous ai délégué, travaillez pour ceux dont je vous ai confié la direction, adoucissez leurs maux, et alors, mais seulement alors, coupables et châtiés comme eux, vous obtiendrez votre pardon.

Voilà ce que les consciences entrevoient,

voilà ce qu'elles se disent, et cette connaissance fait la sécurité de tous ceux qui, à un titre et sous une forme quelconque, possèdent l'héritage commun de l'humanité régénérée.

Membres de l'humanité coupable et souffrante, jouissez en paix de vos possessions; usez-en pour le bien de tous, ne vous livrez point à l'égoïsme, repoussez les séductions de l'orgueil; puissance, autorité, richesse, nul n'est en droit de vous rien disputer ; ce que vous avez reçu pour l'avantage de vos frères, vous soumet à un compte redoutable. Il y a lieu de vous porter plus de pitié que d'envie.

« Egoïste oublieux et plein d'orgueil, tu te crois le préféré de la providence et l'héritier d'une race privilégiée faite pour régner sur les hommes, tu es le prédestiné de l'expiation. En te renvoyant sur cette terre que tu as déjà souillée, ton juge t'a dit : « Va, malheureux, je te livre à un peuple que l'excès de ses passions peut rendre furieux ; crains d'être victime de sa colère, tâches de l'apaiser, sois humble et bon; mais, si tu échoues, si tu es immolé, ne te plains pas de l'injustice de ton sort, tu subiras la peine de ton passé défectueux. Tes bourreaux auront leur tour. »

XXXIV

CIVILISATION

Dieu a-t-il donc labouré et semé des champs ? a-t-il fondé des villes, édifié des palais ? a-t-il placé à notre portée l'or, le cuivre et tous ces métaux qui étincellent à travers le temple de Soliman ? — Non. Il a transmis à ses créatures le génie et l'activité, il sourit à nos efforts et, dans nos créations bornées, il reconnaît le rayon de son âme, dont il a éclairé la nôtre.

Gérard de Nerval. *Voyage en Orient.*

L'humanité se transforme incessamment, elle n'a plus aujourd'hui les mêmes sentiments, les mêmes idées, ni les mêmes habitudes qu'autrefois. Elle a été nue et elle s'est fabriqué des vêtements. Elle a été errante et elle s'est construit des demeures fixes. Elle a appris à cultiver la terre et à la creuser pour en faire sortir en plus grande abondance des récoltes et des richesses qu'elle utilise. Elle n'avait pas de moyens de communiquer, elle en a inventés, elle a formé des langues et imaginé des signes pour les écrire. Chaque jour elle ajoute à sa science, elle découvre une vérité nouvelle ou un art ignoré, elle apprend à utiliser un fruit, une plante, un arbre, un ani-

mal ou un métal qui lui étaient inconnus.
L'inventeur est tel de nos ancêtres ou de nos
contemporains que chacun peut désigner. La
civilisation se fait. Il est des peuples dont la
vie est en progrès dans toutes les branches des
connaissances humaines. Ils doivent faire ap-
pel à tous les autres afin de mettre ceux-ci dans
leur mouvement Cette marche progressive
sera d'autant plus rapide, que les diverses nations s'emprunteront davantage leurs sentiments, leurs idées et leurs connaissances réciproques, et se demanderont ce que chacune
d'elles aura de meilleur en mœurs, en lois et
en pratiques de tout genre.

Le spectacle de cette communion des peuples dans leur avancement simultané, la vue
de cette œuvre à laquelle ils se sont dévoués,
est une des récompenses et des joies des apôtres initiateurs de la vie humaine, des vérita-
bles pères de notre humanité terrestre.

Les premiers et leurs imitateurs continuent
cette mission de directeurs et de guides. Ils
agissent en ce moment même ainsi qu'ils ont
fait durant le cours des siècles. Sur tous les
points du globe ils nous inspirent et nous excitent. Quelques-uns même se rendent sem-

blables à nous et redeviennent nos concitoyens
afin d'exercer sur la tiédeur de leurs disciples
une action plus directe. Il faut bien que dans
ce dédale de sombres hérésies, de méprisables
défections et d'absurdes erreurs, des hommes
supérieurs agissent afin d'arrêter la domination
du fol orgueil des passions inconscientes et de
mettre à néant le défi des prétentions criminelles.

XXXV

**Le droit auquel l'homme est actuellement
soumis n'est pas idéal et rationnel, il est
réel et historique.**

> Le peuple le plus pratique et le plus
> éclairé est celui qui a le moins de lois
> et se contente d'usages.

Tous ceux qui ont étudié l'histoire des législations ont reconnu que les lois naissaient des
faits et des habitudes.

Au treizième siècle, Philippe de Beaumanoir
disait : les peuples vivent leurs lois, « ce sont
des us accoutumés dès longtemps pour vivre
en paix. »

« Une loi, dit un auteur moderne, ne se fait jamais, elle se promulgue ; elle se combine, elle se prépare, elle se traduit dans les habitudes avant d'être inscrite dans un code. Ce n'est pas la loi qui dicte les mœurs, ce sont les mœurs qui dictent la loi. Créée pour l'avenir, elle s'inspire en réalité du présent et du passé.... Les codes ferment le passé. » Le même auteur dit encore : « La loi, cette règle de la vie humaine, n'est pas toujours l'expression la plus haute de l'intelligence et de la moralité d'un peuple, et le droit usuel d'une société n'est parfois qu'un expédient, une transaction qui s'accorde mal avec son idéal de justice. L'homme se contente souvent du médiocre pour éviter le mauvais. » (Beaune, ancien procureur général, *Introduction à l'étude historique du droit coutumier français*).

Pour être dans la vérité, l'auteur aurait dû reconnaître la constante différence qui se trouve entre la loi écrite et l'idéal de la justice, ainsi que la perpétuelle contrainte subie par l'homme sans cesse obligé de s'en tenir à des compromissions. On ne l'observe jamais mieux qu'au moment où des politiques à système obtiennent le pouvoir. Leur chute a

toujours été immédiate, en dépit du mérite de
leurs œuvres.

Le droit, c'est l'ensemble des règles destinées
à fixer les relations des hommes entre eux et
leurs rapports avec la société. Il dépend donc de
ce qu'est la société, de ce que sont les hommes
qui la composent. Il faut donc, pour le comprendre et le modifier, savoir ce qu'est l'homme
tel que le montre l'histoire et ne pas se
contenter de cette définition plus ou moins
philosophique de l'homme idéal : « Être doué
de sensibilité, d'intelligence et de raison qui
est soumis à des passions. »

Le caractère des lois politiques, sociales et
civiles est tout autre selon que la société est
un assemblage de méchants et de maudits ou
une réunion d'êtres neufs doués d'intelligence
et de sensibilité qui, n'ayant point à s'inquiéter
d'un passé inexistant, devraient prendre leur
raison pour directrice souveraine, sans avoir
à craindre une résistance insurmontable de
passions qui ne seraient pas exercées, comme
sans avoir à compter avec le caractère pénal
des situations.

Notre société n'est pas établie entre des êtres
ignorants et simples ayant toute aptitude au

bien et à la science, tels que l'on peut supposer des êtres sortant immaculés des mains
paternelles de leur auteur. *Elle est faite entre
des êtres déchus et soumis à une existence corporelle dont les difficultés, motivées par des actes
antérieurs, sont proportionnées à la méchanceté
de ces actes.* Son but est de donner à ces
condamnés plus ou moins repentants, à ces
associés peu commodes, la paix relative la
moins troublée.

Dans ces conditions, le droit ne saurait être
qu'un compromis de fait, le résultat de transac-
tions successives. Il naît de la réaction incessante du sentiment du bien que le plus déchu
ne saurait extirper de sa conscience ; de cette
réaction luttant contre les combinaisons du
mal que soutient la violence. Il se constitue
par les conquêtes répétées de ce sentiment sur
ces combinaisons.

Un droit ainsi réalisé n'a qu'une valeur
historique, mais il n'en est pas moins obligatoire dans son existence de fait. Si vous
n'acceptez pas l'état de choses consacré comme
le droit, où allez-vous ? Vous voulez l'idéal,
c'est le néant, c'est le chaos que vous rencon-
trez. Vous remontez en arrière, c'est l'expres-

sion de la plus odieuse barbarie qui vous
apparaît. La femme et l'enfant sont les choses
du chef de famille, l'homme lui-même est
l'esclave de l'homme après qu'il en a été le
vivre et la victime.

Remontez à l'origine d'une institution quelconque et vous verrez qu'elle a tenu lieu d'une
coutume plus cruelle. Il n'est pas d'exigence ré-
clamée comme un droit, si odieuse qu'elle nous
paraisse, qui n'ait été à son commencement
un moins mal par rapport à ce qu'elle a rem-
placé. Le sacrifice des prisonniers de guerre a
précédé l'esclavage.

Il n'est pas une des pratiques les plus
détestées de l'époque féodale, qui n'ait été un
adoucissement de la brutalité des conquérants
ou un mode meilleur d'administration dans
une société n'ayant d'activité que pour le
pillage et la guerre et qui, faute d'aptitude au
travail, restait ignorante et pauvre.

Quelle est la situation qui n'a pas la violence pour origine? et parmi les milliers de propriétaires entre lesquels se fractionne le
territoire de la grande ville, en est-il un seul
qui soit le successeur régulier du timide
pêcheur qui le premier a posé sur les berges

de la Seine sa misérable hutte de joncs et de roseaux ?

Une loi telle que nous venons de la définir doit être prise et appliquée telle qu'elle est. Elle ne saurait être appréciée et améliorée en vertu d'un idéal abstrait, indépendant de l'état des mœurs des administrés, comme de l'esprit des administrateurs et des magistrats. Il ne s'agit pas d'un bien hypothétique, mais d'un mieux réel, et celui-ci ne peut marcher que parallèlement avec l'amélioration des individus, c'est-à-dire des membres de la société. Le progrès est une conséquence de l'avancement intellectuel et moral de chacun de nous. Impossible sans cette cause, il n'est produit qu'autant qu'elle se réalise. Il faut donc que le législateur aille pas à pas et s'assure des points sur lesquels un plus ou moins grand nombre des membres de la société, ayant commencé par la réforme d'eux-mêmes, ont le désir et la volonté de travailler à l'accomplissement du progrès et possèdent en même temps le moyen de le réaliser.

Ce n'est pas à dire que certaines institutions ne puissent précéder l'amélioration des mœurs, mais ce sont celles-là seules que les gouvernements peuvent accomplir et appliquer par leurs forces propres et de manière que les peuples en ressentent les bienfaits sans avoir à y donner un concours actif et volontaire. Ces institutions ont cet avantage, que les misères qu'elles soulagent disparaissent et que la société est en partie délivrée du fardeau de ceux qui devaient en subir l'expiation. Les léproseries ont été multipliées, la lèpre a disparu, trop heureux si nous pouvions croire qu'elle n'a pas été remplacée par d'autres misères contre lesquelles les hommes ont été impuissants.

Il n'est pour eux qu'une conquête certaine et efficace, celle que leur recommandait Socrate, il y a plus de deux mille ans : la culture de l'intelligence et la recherche de la vertu.

XXXVI

CARACTÈRE PROGRESSIF DU DROIT. CONSENTEMENT NÉCESSAIRE POUR QU'IL SOIT CHANGÉ

Il n'y a qu'un législateur : c'est l'expérience.

Dans nos sociétés, l'amélioration doit surtout être cherchée dans le cœur de chacun de nous.

Il faut avant tout que chacun veuille la soumission à l'état actuel et le travail dans l'intérêt des autres ; *que chacun accepte un présent malheureux commandé par un passé criminel.*

Abnégation et repentir avant toute perspective de bonheur, tel est notre lot.

Les conditions de la vie terrestre et l'organisation actuelle des sociétés ayant pour seule explication l'égoïsme antérieur, il faut d'abord supprimer la cause et réparer le passé.

Avant de songer à refaire les institutions, il y a lieu de travailler à modifier les hommes : que chacun s'occupe de se changer soi-même. Il est indispensable que les uns réprouvant la domination ou les autres la révolte, nous sortions du cercle vicieux dans lequel nous nous attardons.

La conduite contraire que nous tenons vaut à notre monde l'invasion d'âmes prêtes à se livrer à nos luttes et à nos débats sans cesse renaissants, d'âmes qui perpétuent parmi nous les guerres et les conquêtes accomplies au milieu du sang et des larmes. Les pareils s'assemblent, les violents s'attirent les uns les autres et nos discordes funestes témoignent de notre ignorance et de notre barbarie persistantes. Force est d'attendre que la méchanceté réciproque des adversaires soit assouvie et que leurs passions respectives, lassées, fassent trêve ; c'est seulement alors et le calme revenu, que les germes de bien antérieurement répandus, reprennent leur développement et que les hommes de repentir et de progrès peuvent se remette à l'œuvre.

Nous, Français, qui depuis un siècle et plus donnons aux peuples civilisés l'exemple de l'orgueil et de la révolte, aurons-nous le courage de revenir du côté de la soumission et de la modestie ? Notre avenir est à ce prix.

Gaulois altiers, fiers Sicambres, baissons la tête devant le Tout-Puissant, cessons de croire à une souveraineté menteuse qui erre à l'aventure et nous échappe à tout moment. Loin de vouloir tous commander, consentons tous à être les serviteurs de la loi et de l'intérêt général. Apprenons à distinguer la cause du progrès, c'est-à-dire du bien, des moyens violents, c'est-à-dire du mal, et ne soyons pas toujours prêts à nous ranger du côté de ces gens pour lesquels une idée n'est qu'un prétexte de troubles et d'agitations.

Nous posséderons, en les méritant, les perfections qui doivent distinguer les œuvres de l'Auteur du monde et jouirons un jour des biens qu'il a produits ; mais, actuellement, déchus que nous sommes, nous avons à payer jusqu'à la dernière obole. Si nous subissons la privation temporaire d'une partie de nos droits, c'est que naguère nous les avons méconnus au préjudice de nos frères. Tenus de nous contenter de notre condition native et d'accepter comme une remise de peine toute concession qui nous est faite, notre devoir est de subir les tribulations de la vie avec le sentiment du caractère justicier qui leur est propre, et de laisser à ceux qui peuvent en être les instruments, la responsabilité de leurs actes devant le dispensateur souverain des destinées humaines.

Ceux qui, à un titre et sous une forme quelconque, possèdent plus que leur part dans l'héritage commun de l'humanité régénérée, doivent jouir de leurs possessions sanctionnées par le droit historique et par la puissance de la foi jurée. Il leur a été dit qu'ils doivent en user pour le bien de tous, éviter l'égoïsme et repousser les séductions de l'orgueil ; mais ce sont là des devoirs de conscience dont nul n'est autorisé à leur demander compte.

Les possesseurs de ces avantages en jouissent, afin qu'animés d'un dévouement plus profitable que l'égoïsme, ils en usent dans l'intérêt de tous. Trop souvent, hélas ! ils les emploient pour eux seuls.

Quoi qu'il en soit, les déshérités n'ont à leur disputer violemment ni la puissance, ni l'autorité, ni la richesse. Il n'y a de légitimement recouvrés que les droits abandonnés par leurs possesseurs à ceux qui en étaient privés. La loi de l'égalité ne peut être observée que par des êtres moraux et éclairés, dans des sociétés vertueuses d'où sont bannis les appétits criminels.

C'est être mal inspiré que de dire : « tous les hommes sont égaux et doivent partager les biens de la terre ». C'est se tromper de date. Une semblable théorie n'est en rapport ni avec la moralité, ni avec l'intelligence des membres de l'humanité terrestre chez lesquels les goûts matériels l'emportent encore sur les sentiments moraux. Elle est prématurée parmi ceux qui ne sont pas résolus à faire régner entre eux la loi divine du dévouement et de l'amour fraternel.

XXXVII

Le droit veut être défendu contre la violence par toutes les forces dont la société dispose.

> A votre aise, messieurs les anarchistes, mais écoutez bien ceci : nous savons, nous, avec certitude, qu'il y a dans l'ordre universel, pour l'humanité, une justice éternelle et suprême, et que cette justice se chargera de montrer aux fauteurs de guerre civile leurs fautes et leurs erreurs et la nécessité de leur expiation.
>
> J.-B. André Godin, fondateur du *Familistère de Guise*. Journal le *Devoir*, année 1886, p. 500.

> Parlons de conciliation et d'espérance à tous : ne parlons de liberté qu'aux sages.
>
> X...

L'existence du droit est son seul titre ; mais c'est là un titre irréfragable pour ceux qui l'ont plus ou moins volontairement consenti, parce qu'ils existaient lors de son établissement, comme pour ceux qui, venus plus tard, sont nés afin de le subir.

Ce droit historique a pour lui la nécessité de la conservation, le frein de la foi jurée. L'aide de la puissance publique ne doit pas lui manquer : *en tous cas, la sanction de la loi supérieure ne lui fera pas défaut, soyons-en bien convaincus.*

Pourquoi trouvons-nous odieux ces gouvernements qui admettent que la force prime le droit, c'est qu'ils préconisent un retour en arrière, un pas rétrograde vers la barbarie, et que, glorifiant la violence, ils essaient de justifier les crimes qu'elle entraîne à sa suite.

Ce qui est vrai, c'est que la force positive et constituée a pour mission de faire prévaloir le droit réel sur toute rébellion, même sur les prétentions du droit idéal ; c'est que tout gouvernement a pour but de mettre la force au service de ce qui est.

En France, nous disons : le droit prime la force ; mais chacun interprétant le droit à son point de vue, c'est une aspiration qui n'est pas sans mélange d'orgueil et de naïveté : ce ne saurait être l'expression de la réalité.

La force organisée doit être au service de ce qui est le droit actuel, c'est-à-dire de la plus récente transaction arrêtée entre les prétentions diverses.

Dans une société dont les membres sont des êtres malfaisants ou châtiés, on parle vainement de donner au droit la base théorique d'une égalité et d'une fraternité que dément à tout instant, dans l'application, la diversité des aptitudes, des moyens, des tendances et des procédés d'action.

Ce n'est pas qu'il y ait entre les hommes de réelles distinctions ; mais il y a des situations déterminées suivant des règles imposées et dont, par l'effet de la loi morale, il ne nous est pas possible de nous affranchir impunément.

De plus, s'il y a peu de gens possédant la science et la sagesse, moins encore y en a-t-il qui soient prêts à user des avantages qu'ils peuvent posséder, comme à utiliser leur liberté dans l'intérêt et pour le profit de tous.

Il faut, on le sait, que chacun fasse à autrui ce qu'il voudrait qu'il lui fût fait à lui-même ; mais par qui ce précepte est-il mis en action ? Pour chacun, à l'occasion, il est juste que les autres l'appliquent, tandis que bien peu consentent à la réciproque.

A cette heure, l'intérêt personnel se trouve le seul levier de l'activité humaine. Si on le supprimait pendant un temps aussi court qu'il fût, les hommes périraient de faim. Mieux vaut donc rétribuer au-delà de ses mérites l'intérêt personnel, que de manquer de tout et de faillir à sa mission.

La terre a été et elle est encore, pour l'immense majorité des hommes, un véritable séjour de douleurs. Les sociétés humaines ont été, pour presque tous les vivants, un enfer ; c'est que, sauf de rares exceptions, tous ces contemporains se valaient. Ces victimes et ces bourreaux devaient vivre ensemble et s'amender de concert. Cette nécessité de vie commune a produit l'état actuel de la civilisation et des sociétés modernes.

Pour qu'en fait, ainsi qu'en thèse, il n'y ait plus que des égaux et des frères, il faut que tous nous soyons devenus bons. Prétendre à l'un sans chercher l'autre, c'est vouloir l'impossible ; que chacun essaie d'être juste d'abord et dévoué ensuite ; que ce soit immédiatement, puisqu'il faut que ce soit un jour.

Il faudra, certes, que le règne de Dieu ou du bien arrive sur terre, et que ses habitants parviennent à donner à leurs socéités le développement moral dont elles sont susceptibles ; mais il faut avant tout que les gouvernés acceptent l'état actuel du droit et des situations, et que les gouvernements emploient tout ce qu'ils ont de force et de puissance à contenir sous le joug de ce droit positif quiconque recourrait à la ruse ou à la violence, afin de lui en substituer un nouveau que ne commanderaient ni l'état des mœurs, ni celui des esprits.

C'est dans le calme que nous devons nous améliorer et faire de notre terre, actuellement séjour de misère, l'heureuse habitation des justes formant des sociétés honnêtement régies.

XXXVIII

DROIT GÉNÉRAL. — DROIT INDIVIDUEL. — CHARITÉ.

> Le bois de Sandal embaume celui-là même dont la hache lui ouvre le cœur ; la terre féconde enrichit de ses dons le laboureur qui porte le fer dans ses flancs ; homme, suis leurs exemples.
> Maximes Védiques.

> Habitants de la terre qui vous trouvez à tous les degrés de l'ignorance et de la perversité, vous avez été créés de la même substance et au même état de simplicité ; vous vous êtes faits ce que vous êtes et vous avez tous devant vous l'éternité pour arriver au bonheur par la science et la vertu.

Sous cette image de César, comme sous cette œuvre que l'artiste a façonnée, se trouve le métal ou le marbre emprunté à la terre et

tous deux œuvres de Dieu. Nul ne les en déta-
chera. De la sorte, le droit d'un seul ne pourra
jamais s'isoler de l'objet dépendant du patri-
moine fourni à l'humanité tout entière afin
qu'elle accomplisse sa mission de travail.

Il y a un grand enseignement dans cette
circonstance qu'aucun labeur n'est possible
s'il ne s'exerce sur un objet matériel, c'est-à-
dire dépendant du domaine général et de l'héritage commun des hommes enfants d'un seul
Dieu. De cette manière, le droit de tous est toujours mêlé au droit de chacun et nous avons
de cette loi supérieure une preuve positive,
irrécusable et permanente.

Tenons donc pour certain que le droit individuel ne saurait exclure absolument le droit
général et que la justice et la charité, indisso-
lublement unies, doivent gouverner tous les
actes des hommes.

Il ne faut pas que le droit individuel réclame
une trop forte part, car il cesserait d'être d'accord avec la justice comme avec la charité. Il
ne faut pas que la communauté soit rigoureuse, car elle serait injuste et, manquant à
la loi d'amour, elle rendrait impossible l'œuvre individuelle. Mais il ne faut pas non plus

qu'elle soit trop large pour la reconnaissance des droits particuliers et la récompense du travail actuel, car la justice serait blessée. L'amour, devenu partial, agirait aux dépens de la masse, qu'il froisserait au bénéfice d'un seul, et nuirait à l'avenir, qu'il escompterait au profit de l'actualité.

C'est l'harmonie de la justice et de la charité qu'il y a lieu de rechercher afin de régulariser toutes les situations et d'équilibrer les droits individuels et publics, ceux du jour et ceux du lendemain. L'individu aura la juste rétribution de son labeur sans qu'aucun membre de la société ait à souffrir de la récompense obtenue par son semblable, celui-ci à son tour ne manquera pas de nombreuses occasions d'exercer sa bienveillance et de rendre à quelqu'un de ses proches ce qu'il pourrait posséder aux dépens de la généralité.

C'est ainsi qu'engagés tous ensemble dans ces luttes qui sont la condition de leur développement intellectuel et moral, les enfants d'un même père céleste, domptant les forces de la nature, les feront concourir à l'accomplissement de leur destinée commune.

La seule cause légitime de la propriété est

un travail honnête; dès lors, l'effet ne pouvant persister quand le cause fait défaut, la conservation de l'objet approprié pendant un temps plus long que celui nécessaire pour qu'il y ait, par la jouissance, compensation du prix d'acquisition, constitue l'acquéreur en état d'usurpation des droits du monde.

Les législations du passé ont fait une trop large part aux propriétaires, en convertissant à leur profit une main-mise provisoire en un droit indéfini de conservation et de disposition. Il y a lieu de ramener leur droit à sa juste limite dans le temps, soit quant à la détention, soit quant à la transmission. Il faudrait, afin d'atteindre ce résultat sans nuire à personne, instituer au profit de l'Etat un droit héréditaire sur les succesions collatérales éloignées. Rentré de la sorte en possession d'une partie du sol national, le domaine revendrait les biens qu'il ne louerait pas, moyennant des prix fixés administrativement et pour un temps que détermineraient des adjudications publiques ayant pour bénéficiaires ceux qui offriraient de conserver les immeubles pendant le moindre laps de temps. (Voir le *Journal des études psychologiques*, année 1887, p. 596 et s., 627 et

s. ; année 1888, p. 588, et la revue dite la *Religion universelle* publiée à Nantes, année 1890, p. 23 et s., 43 et s. et 51 et s.)

XXXIX

SUICIDE, ERREUR ET DÉSILLUSION

Soumis avec respect, à sa volonté sainte,
Je crains Dieu, cher Abner, et n'ai point d'autre crainte.

RACINE, *Athalie*

Il n'y a pas à lutter avec Dieu. N'a-t-il pas pour nous suivre l'immensité de l'espace ; pour nous atteindre l'éternité du temps, et pour nous saisir où, quand et comment il veut, l'ubiquité de son être tout puissant ?

Le travail est la loi générale des êtres. Il a de l'attrait pour quiconque exerce ses facultés dans un but utile ; il fait que la vie s'écoule plus rapidement.

Celui qui agit en vue d'un bonheur plus durable qu'il s'efforce de mériter, est patient et résigné.

L'homme n'a pas le droit de disposer d'une vie qu'il ne s'est pas donnée. Placé sur la terre par la volonté de Dieu, il doit *attendre l'ordre* qui le fera sortir de ce monde.

La vie m'est a charge, dit celui qui médite de se l'ôter, j'en suis las ! Insensé ! a-t-il travaillé pour lui-même, pour les siens ou pour ses semblables ? Connaît-il le bonheur de venir au secours de l'infortune ?

Il veut échapper aux misères et aux déceptions du monde ? Quelle aberration ! Espère-t-il être plus fort que son créateur de qui lui viennent ces épreuves et ces souffrances ? Croit-il donc vaincre la justice infinie ? Comment se cacher, fuir ou échapper ? Sa conscience vengeresse le suivra partout.

Que plutôt il implore l'assistance du Dieu tout amour dont la rigueur le frappe justement ! Notre Père est toujours prêt à aider ceux d'entre nous qui recourent à lui, tout en subissant avec courage le châtiment de leurs fautes, et il offre même à ceux qui le laissèrent en long oubli, ses bienfaits dont la durée est sans limites.

Une mauvaise action a été commise, son auteur se suicide pour échapper à la honte ; mais il ne l'évite pas et il ajoute une seconde faute à la première. Sa substance en porte la double empreinte. Que de peine afin de l'en effacer ! S'il ne rougit pas en face de quelques

hommes, ne va-t-il pas se trouver en présence
de Dieu et de lui-même partout et toujours ?
Se dérobera-t-il aux regards de son père, de sa
mère, de ses parents, de ses amis et de tous
ceux qui l'attendent dans ce monde où il se
précipite ?

Celui qui a fait le mal doit en accepter les
conséquences. Ici-bas la honte est passagère
comme la vie. *Elle peut être bien longue pour
celui qui a franchi les portes de la mort. Que
de jours, de mois, d'années ou de siècles atten-
dra-t-il avant de la cacher sous un vêtement
humain qu'il obtiendra par grâce!* Il vaut
mieux avoir la crainte de Dieu que celle des
hommes. Son pardon seul est réel, car sa justice est sans défaillance.

On ne peut absoudre, si grande pitié que
l'on ressente pour lui, même le père qui se
frappe dans la pensée que son déshonneur ne re-
jaillira point sur ses enfants. Le motif de sa résolution parlera pour lui, mais ne saurait faire
qu'il n'ait pas été coupable de disposer de ce qui
ne lui appartenait pas et d'obéir à un préjugé
qui n'a rien de sérieux.

Que celui qui veut arriver plus tôt à une vie
meilleure, fasse le bien, et il atteindra plus

7

sûrement son but. *Celui qui est en faute ne saurait être reçu dans l'assemblée des justes.* Il aura perdu un temps précieux, car il ne saurait être dispensé de l'épreuve qu'il aura désertée.

Que celui qui prétend aller rejoindre une personne aimée ne tente pas cette voie qui l'en éloigne.

Comment peut-il, concevant la folle pensée de faire échec à la volonté de l'ordonnateur de toutes choses, se flatter de lui imposer une réunion qui, si elle eût été dans ses décrets, ne se serait point fait attendre.

Celui qui est aux prises avec la souffrance et le besoin et qui se laisse mourir de désespoir, se suicide. Il ne lui sera point pardonné s'il a manqué de résignation et de persévérance, s'il n'a pas fait usage de tous ses moyens intellectuels ou physiques, ou s'il s'est laissé paralyser par l'orgueil, rougissant de devoir son existence au travail de ses mains.

C'est se suicider que de s'adonner à des passions qui peuvent amener la mort, c'est manquer de courage et se livrer à la brutalité, c'est se montrer doublement coupable.

Celui qui se suicide en présence d'une mort

terrible et en vue d'abréger des souffrances
dont le résultat lui semble inévitable, n'est
pas exempt de tout reproche, car il a le tort de
ne pas subir le sort qu'il a mérité, de ne pas
attendre le terme que Dieu avait fixé. Il agit
en présence d'une éventualité qui ne saurait
être certaine. Un secours inespéré peut surgir
au dernier moment. Puis la mort, fut-elle me-
naçante et proche, il y aurait toujours manque
de soumission à la volonté du Père de la vie,
maître de la mort, qui peut paralyser la douleur comme il le fit tant de fois pour les mar-
tyrs et les persécutés.

*Faisons donc tous nos efforts afin d'empêcher
les suicides et plaignons le suicidé.* Il manquera
certainement le résultat qu'il s'est proposé. *La
vie qu'il s'enlève le réclamera, la situation qu'il
veut fuir se retrouvera identique.* L'anéantis-
sement de son corps n'est pour lui que le prélude d'une autre vie, et sa nouvelle existence
dans laquelle sa faute doit être expiée, ne
saurait être moins misérable que celle dont il
a voulu sortir.

Désillusion et malheur, telles sont les fins
inévitables du suicide. Ne nous y exposons
pas, veillons surtout à n'y point réduire nos

semblables afin de ne pas répondre de leur
mort comme d'un meurtre.

Rappelons qu'autant le suicide est condamnable, autant le sacrifice de la vie est méritoire
et sublime de la part de celui qui, sans aucune
pensée d'orgueil, s'expose dans l'intérêt de ses
semblables. Il a plus acquis en un jour de
dévouement qu'il n'eut gagné par des années
d'inertie.

XL

**Affirmations journalières de la continuité
de la vie, et de la nécessité du retour sur
la terre.**

> Notre père, que votre règne arrive,
> que votre volonté soit faite sur la terre
> comme au ciel.
> Saint Matthieu, chap. 6, v. 9 et 10.

> Le règne de Dieu est la mise en pra-
> tique de sa loi et de sa volonté ; mais
> pour que cette loi soit observée, pour
> que cette volonté soit suivie, il faut des
> âmes perfectionnées, composant des
> sociétés améliorées, c'est-à-dire, déli-
> vrées des formes de la conservation
> égoïste, des aspirations de l'envie et des
> appétits de la convoitise.

Ces expressions : « que votre règne arrive, »
signifient : je dois travailler au bien. Ces mots :

« que votre volonté soit faite, » disent : je dois
m'incliner avec respect et amour devant les
évènements signes de la volonté toute puissante, je dois m'attacher avec ardeur à rechercher
cette volonté afin de poursuivre les moyens de
l'accomplir.

Quand il prononce l'une et l'autre parole,
le chrétien n'entend pas, assurément, que
Dieu lui-même interviendra dans le but d'assurer l'exécution de ses lois et prescriptions. Il
ne saurait méconnaître que c'est à l'homme
intelligent et perfectible, actif pour le bien et
responsable du mal, qu'incombe la tâche
de faire sa destinée et d'arriver à la vertu.

La moindre attention suffit à lui faire
comprendre que le règne de Dieu ne peut être
réalisé que par nous et pour nous, par tous
nos frères et pour eux tous ; mais que ce n'est
ni aujourd'hui, ni demain, ni dans bien des
années, que ce résultat apparaît comme possible ; on ne le sent que trop.

Il ne lui échappe pas que longtemps encore,
la terre sera indigne de Dieu ; qu'elle ne saurait
devenir son royaume sans que la violence et
la brutalité cessent d'y être maîtresses. Il voit
que l'homme s'éloigne et il prévoit qu'il s'éloi-

gnera davantage de la guerre, afin de se rapprocher de la paix, et que nous finirons par ne plus user de notre libre arbitre qu'en vue d'exécuter les commandements de notre père, et que seulement alors nous serons dignes de réaliser en ce monde l'avènement de la justice et de la fraternité.

Un regard en soi-même fait apercevoir à quiconque s'examine, combien il est loin d'avoir répudié tous ses défauts, même tous ses vices ; combien plus encore, il s'en faut qu'il soit orné de toutes les vertus. Si une infime minorité peut croire que la fin de cette vie la trouve en mesure de remporter une si belle victoire, chacun voit bien que c'est pour tous les autres une folle prétention.

Quand le chrétien dit : « que votre règne arrive, que votre volonté soit faite », il se met par la pensée en face de la puissance et de la justice infinies ; il ne peut, par suite, manquer de se rendre compte de la nécessité de concourir par son fait à l'exécution des divins décrets. Puisqu'il ajoute : « sur la terre comme au ciel », il ne saurait le faire sans admettre son obligation de revenir sur cette terre afin d'y achever sa mission, qui est de l'embellir et d'en faire le séjour de fils repentants et soumis, après qu'elle a été pendant des siècles le lieu d'exil d'enfants ingrats et révoltés.

Le chrétien parle pour lui-même. et non pas seulement pour ses successeurs, sa parole exprime donc son désir de se réformer lui-même par l'observation de la loi de Dieu, et elle comporte l'idée qu'il aura l'occasion de s'améliorer par sa réunion avec ses frères sur la terre, là où tous pourront réaliser ce désir et remplir ce but.

Le chrétien dont l'intelligence est en accord avec les lèvres, comprend que le retour corporel de chacun de nous en ce monde est la voie indispensable pour que nous arrivions à la pratique de la vertu et pour que Dieu règne parmi nous, ainsi qu'il règne au milieu de nos frères innocents ou plus avancés habitant des mondes meilleurs.

XLI
AFFIRMATIONS ÉVANGÉLIQUES MÉCONNUES, CAUSES ET CONSÉQUENCES

> Jésus, parlant à ses apôtres, leur disait : « Ne vous mettez point en peine d'avoir de l'or ou de l'argent, ou d'autre

monnaie dans votre bourse. Ne préparez
ni sac pour le chemin, ni deux tuniques,
ni souliers, ni bâton, car celui qui travaille mérite qu'on le nourrisse. »

Saint Matthieu, chap. 10, v. 9 et 10.
Saint Luc, chap. 12, v. 22.

Le sort par nous subi dans cette vie est exclusivement celui mérité par nos agissements
antérieurs.

Nul ne saurait, dans ces conditions, accuser
personne ni se plaindre d'autre que de soi-
même, et comme de plus chacun prépare également dans cette vie son existence prochaine,
quelle excitation au devoir basée sur l'expérience même de chaque jour.

Si cette doctrine était admise, appliquée et
vécue parmi nous, si chacun y conformait sa
conduite, qui ne serait pas résigné dans son
sort actuel qu'il saurait être de son fait, et
songerait à autre chose qu'à préparer pour soi
et les autres en même temps, des conditions de
vie plus faciles au retour.

Ces principes, inconnus parmi nous, ont cependant été annoncés avec la bonne nouvelle.
Il est vrai que les nouveaux témoins en ont
déposé en termes si couverts, que ceux qui ont
transcrit leurs affirmations ne les ont pas
comprises et que leurs successeurs immédiats,

ne les comprenant pas davantage, n'y ont attaché aucune valeur. Ils n'ont essayé, par suite, d'en donner aucune explication.

Il est manifeste que nos premiers instituteurs, lisant dans le discours de Nicomède . « Nul n'entrera dans le royaume des cieux s'il ne renaît plusieurs fois, » n'ont pas vu que Jésus lui parlait de plusieurs passages sur la terre en plusieurs personnalités ou apparences successives. (S. Matthieu, chap. XI, v. 14 et 15 ; chap. XVII, v. 11 et s. S. Jean, chap. III, v. 3 et s.)

Ils n'ont pas songé que, d'après le messie, plusieurs existences corporelles étaient nécessaires à l'accomplissement du but de la vie terrestre.

Les recommandations faites par Jésus à ceux qu'il guérissait ont été écrites. Il en est de même de son exhortation au peuple, de faire pénitence et de s'amender parce qu'il courait risque, en manquant à la loi, d'être mis dans une prison d'où il ne sortirait qu'après avoir payé sa dette jusqu'à la dernière obole ; mais ceux qui ont écrit ces discours et leurs premiers disciples n'ont pas vu que la prison dont il s'agissait était la terre, et que la menace s'appliquait à un retour aussi répété et prolongé qu'il le faudrait pour l'amendement du coupable et la réparation de ses torts envers ses frères. (S. Matthieu, chap. V, v. 26 ; chap. IX, v. 2 et s., 22 et s.; chap. X, v. 29 et s. S. Marc, chap. I, v. 3 ; chap. V, v. 24, et chap. X, v. 52. S Luc, chap. V, v. 16; chap. VIII, v. 43 ; chap. XII, v. 6 et 7, 29 et s. ; chap. XVIII, v. 48.)

Quant aux apôtres, on ne voit pas qu'ils aient répété d'après le maître, que l'homme est l'auteur de sa destinée terrestre, qu'il se trouve en lieu de peine et malheureux afin de purger sa condamnation, et qu'il ne cessera d'être châtié que s'il se libère complètement par la réparation de tous ses méfaits antérieurs.

Quant à leurs successeurs, ils ne l'ont pas fait parce qu'ils ont été rapidement entraînés à laisser tomber dans l'oubli ces préceptes si essentiels qu'ils fussent.

Au lieu d'être des instituteurs pélerins gagnant leur nourriture au jour le jour, ainsi que le voulait le maître ; au lieu de rester avec les humbles, les petits et les châtiés comme eux, les successeurs des apôtres se sont empressés de faire alliance avec les empereurs, les rois

et les puissants de tout ordre, ils sont devenus eux-mêmes rois, princes et puissants.

Si, fidèles à leur mission, ils étaient demeurés
parmi les misérables, ils auraient été appelés
à rechercher la cause de cette misère et de ces
souffrances avec lesquelles ils auraient été en
contact journalier. En ce cas, les enseignements sur la venue du règne du père, la renaissance dans la chair, la rémission des
péchés, le séjour indéfini dans la prison et le
paiement des dettes contractées envers la justice divine, n'auraient pu leur échapper, et ils
les auraient tirés de l'obscurité où ils les ont
oubliés, au grand détriment des peuples.

A ce rapprochement continuel des maîtres
pauvres et des élèves misérables, des sentiments de résignation actuelle, de fraternité et
de solidarité présentes et futures auraient été
éveillés. Ces sentiments auraient été ravivés
par l'idée de l'échange incessant des situations
dans les renaissances successives.

Au lieu de cela, pleine licence a été donnée
à l'orgueil et à l'égoïsme. Des liens de puissance à puissance ont été créés. Les différences
séculières ont été admises comme définitives, et
deshommes ont pu, comme au temps des païens,

se croire et se dire d'une autre substance que leurs semblables. Les haines de classes à classes et de peuples à peuples ont été multipliées.

On aurait enseigné la paix que doivent observer entre eux des frères se sachant tour à tour riches et pauvres, puissants et subalternes, membres d'une même famille et citoyens d'une même patrie.

Au lieu de cette paix bienfaisante, les chrétiens ont subi la guerre perpétuelle entre les oppresseurs et les opprimés, ignorant les uns et les autres les devoirs respectifs que son passé créait à chacun d'eux. Ils ont souffert des guerres civiles alternant avec la destruction périodique des nations se foulant les unes les autres et implorant le même Dieu avant de commencer leurs œuvres impies de ruines, de dévastations et de meurtres fratricides.

A cette heure encore, ces superbes chrétiens, si fiers de leur morale évangélique dont-ils font si peu d'usage, peuvent se convaincre qu'ils n'ont pas épuisé les alternatives par lesquelles ils passent d'une misère absolue pour le plus grand nombre et d'un égorgement général. Il sont sans idéal entre le matéria-

— 205 —

lisme scientiste, incapable de rien fonder
et le spiritualisme de l'Eglise actuellement
sans vertu ni puissance. C'est aux hommes de
bonne volonté qu'il incombe de relever et de
faire fructifier des préceptes trop longtemps
méconnus et délaissés.

XLII
CONCLUSION

Socrate et Platon estiment que l'amélioration de l'âme humaine, but de la vie, ne saurait être acquise en une seule existence terrestre. Après avoir expliqué comment ceux qui ont déja vécu arrivent à de nouvelles destinées par la reprise de nouveaux corps, le dernier termine en disant : » Si tu veux m'en croire, convaincus que notre âme est immortelle..... nous marcherons toujours par la route céleste et nous nous attacherons de toutes nos forces à la pratique de la justice et de la sagesse.

PLATON. *L'Etat ou la République*

Celui qui fait le mal est puni aussi certainement que celui qui touche le feu est brûlé.

Souffrants d'aujourd'hui, vous êtes les coupables d'hier ; malfaisants de ce jour, vous serez les châtiés de demain.

Soumis à l'expiation que subissent inexorablement tous les coupables, chacun de nous, sauf un très petit nombre de dévoués partageant notre vie de misères méritées, représente

un être malfaisant qui, chassé d'entre les
créatures innocentes, reçoit au milieu de ses
pareils, la juste punition de ses fautes, et ce
jusqu'à ce qu'il se soit amendé.

Est-il si difficile de comprendre que le rôle
de tyran, comme celui de victime, tient à une
seule cause : la méchanceté humaine ? Est-il
si mal aisé d'admettre que ceux que nous
voyons souffrir de la tyrannie la plus dure, ont
été maîtres impitoyables, et que les révoltés
audacieux ne font que suivre leur penchant au
despotisme ainsi qu'à la violence.

Rébellion et tyrannie représentent également
les excès de l'orgueil et de l'ignorance.

Ce que nous avons été, cessons de l'être ; ne
soyons plus des révoltés contre la logique des
choses, finissons de nous irriter et n'empi-
rons pas notre situation.

Les hommes, jusqu'à ce jour, n'ont fait
usage de leur activité que pour s'insurger
contre leur peine. Qu'ils reconnaissent leur
impuissance et qu'ils s'humilient devant la
justice de la condamnation.

Pourquoi l'insurrection contre la société
dont l'organisation est le résultat de nos erreurs passées et dont le droit constitue l'en-

semble des règles auxquelles nous devons obéissance ?

A quoi peuvent aboutir les clameurs contre la nature qui est la force matérielle mise en obstacle à notre intelligence et à notre volonté pour l'accomplissement de notre mission de travail pénible et douloureux. Indifférente, elle nous livrera ses secrets et deviendra notre auxiliaire en accomplissant à notre place, tous les ouvrages les plus rudes et les plus fatigants. Notre peine est moralisante. Elle récompense tout acte de soumission intentionnelle et tout effort légitime tenté pour l'amoindrir. Découvrir une loi physique, c'est détruire un moyen de châtiment et conquérir un auxiliaire prenant la plus lourde part du fardeau.

La vapeur et les chutes d'eau remplacent dans la seule France plus de douze millions d'esclaves.

Que gagner en luttant contre la puissance invincible et souveraine qui nous courbe justement sous sa loi. Notre orgueil se refuserait vainement à la nommer quand son nom est écrit et resplendit partout, quand toutes les voix du ciel et de la terre nous crient : « Le seigneur s'est montré, pêcheurs amendez-vous ».

Chacun doit savoir que son rôle est de travailler selon la condition que son passé lui a faite, sans essayer d'en sortir autrement que par les voies de la patience et de la droiture. Nul ne voudra, par une conduite d'insoumis, encourir une nouvelle peine qui s'ajoutera certainement à celle qui n'aura point été subie. En présence de la justice toute puissante pour punir comme pour récompenser, comprenons qu'il est impossible d'échapper.

C'est ainsi que, nous prêtant une aide mutuelle dans ces luttes journalières qui sont la condition de notre développement intellectuel et moral, et redevenus enfants dociles de notre père céleste, nous dompterons toutes les forces de la nature et les ferons servir à l'accomplissement de notre destinée commune.

Chacun de nous doit remplir tous ses devoirs d'amour et de fraternité, dans la place qui lui a été assignée par la justice divine.

Nous ne dirons pas ce que Platon fait dire à Ulysse, que la condition la moins élevée est la meilleure.

Nous ne répèterons pas avec le roi des rois :

Heureux qui, satisfait de son humble fortune,
Libre du joug superbe où je suis attaché,
Vit dans l'état obscur où les dieux l'on caché.

Nul ne voudra se dérober aux charges de l'existence qu'il aura choisie ou qui lui aura été imposée.

Toutes les situations présentent des devoirs spéciaux. La plus souhaitable est celle qui fournit le plus d'occasions de se dévouer pour les autres, c'est-à-dire de s'améliorer et de progresser dans le bien.

Une condition tranquille peut fournir une occasion de repos à la suite d'une vie agitée, mais il est possible de trouver dans une situation élevée d'incessantes occasions d'être utile.

Il faut, dans toute position, se diriger selon le bien et la pratique de la vertu. Il y a de la sorte toujours moyen de remplir envers ses semblables une mission de dévouement, et de se consacrer au service des siens et de ses proches, dans les limites de ses moyens et de ses forces.

Qu'importent les inégalités actuelles ou apparentes. Tout est harmonisé par la continuité de la vie, par le mélange des passés, des présents et des futurs. Avec l'unité de la vie individuelle et le renouvellement de la personnalité, il n'y a plus de place ni pour l'orgueil, ni pour l'égoïsme, c'est le règne exclusif de l'égalité et de l'adelphie absolues.

Qui n'aimera son prochain comme soi-même, quand il admettra la communion actuelle et successive de tous avec tous et avec chacun, dans toutes les situations intellectuelles et matérielles, aussi bien que dans toutes les conditions sociales. Bientôt toutes les résistances seront vaincues, tous les yeux s'ouvriront à la lumière, toutes les intelligences obéiront à l'évidence et tous les cœurs se pénétreront d'amour. Alors le progrès poursuivra de pacifiques conquêtes sans que le recours à la force en compromette la marche régulière dans une société d'hommes qui, possédant plus de science et de sagesse, useront bien de leur activité.

Malheur à ceux qui suivront la voie du mal. Gardien de la loi, lui qui a départi les situations, Dieu saura, par le seul effet de l'agencement du résultat à la cause, ramener les déserteurs à leurs rangs.

Qui sème le mal récolte la misère, qui répand le bien se produit une moisson de félicité.

« Il faut vouloir l'égalité et la fraternité
parmi les hommes parce que les hommes sont
égaux devant Dieu qui est leur père commun.

Il y a lieu de mépriser les honneurs humains
parce qu'ils sont incompatibles avec l'accomplissement des devoirs qui incombent à l'esprit
dans sa marche ascensionnelle et font obstacle
aux manifestations qui conduisent aux honneurs de la spiritualité.

L'oppression est condamnable parce qu'elle
est contraire à la loi de Dieu, mais l'opprimé
doit pardonner parce qu'il est puni par où il a
péché et que le pardon est indispensable à son
amendement.

Les pauvres doivent être aimés et secourus
parce que les pauvres sont des frères malheureux, et les mauvais riches doivent être plaints
parce que se sont des frères égarés qui font
aujourd'hui ce que les autres firent hier à leur
place et qu'attend à leur tour la misère.

Les puissants du jour seront les parias de
demain.

Dans une société bien organisée parce
qu'elle est bien composée, il n'y a ni pauvres,
ni riches, ni maîtres, ni serviteurs; il s'y rencontre seulement des associés égaux en science
et en vertu.

Peuples et gouvernements, déposez les armes et songez enfin au but de l'existence temporelle.

Malheureux dégradés, sombres négateurs de la providence divine, adorez Dieu ; riches, honorez les pauvres, et vous, pauvres, ne portez point envie aux riches.

La puissance et la grandeur humaines font déchoir l'homme s'il n'est pénétré de la puissance divine et de la grandeur spirituelle.

L'adversité élève l'homme qui reconnaît la justice de la condamnation qui l'a frappé.

Justice supérieure, tu es explicable et tu expliques tout. Honneur à ceux qui te dédient leur courage et leur résignation, ils marchent dans la voie bienheureuse de l'agrandissement des dignités intellectuelles et morales.

Soyez courageux dans la pauvreté et modestes dans l'opulence ; ceux qui comprennent le néant des richesses et la tâche du pauvre arriveront les premiers dans les mondes où le bien et le bonheur règnent sans partage.

Vous qui vous plaignez d'abus criants commis à votre égard et à celui de la plupart de vos frères, qu'ellez-vous faire ? Recourir à la violence et aux armes ? Arrêtez, malheureux :

sous prétexte d'abus à détruire, vous devenez criminels. La violence, le meurtre, le pillage et la guerre ne sont-ils plus condamnables à vos yeux ? Vous ne sauriez le prétendre. Reconnaissez que vous êtes dans une situation forcée : souffrir ou être coupable. Obligé d'obéir aux premiers préceptes de la morale : « Tu ne tueras point, tu ne déroberas point, » vous êtes condamnés au respect de ce que vous vous croyez en droit de changer. Comprenez alors d'où vient cette nécessité de n'agir que par le bien. La réflexion vous répond immédiatement que cette situation est commandée par la justice éternelle ; que si vous ne pouvez rien, c'est que vous et les vôtres vous êtes les auteurs de ce qui vous indigne. Vous avez créé cet état de choses contre lequel vous vous débattez, vous subissez la peine du talion. Et si vous pensez que pour mal faire, il faut être, votre conscience vous répondra que vous avez été et que vous venez afin de réparer et d'expier. Soumettez-vous donc, la justice éternelle vous viendra en aide.

Hommes, nous pouvons nous agiter, Dieu nous mène par et malgré nos vices. Nous ne serons en mesure de nous conduire nous-mêmes que lorsque nous serons devenus bons ; alors, et par surcroît, nous serons heureux.

Attachons-nous à réaliser les progrès de l'intelligence et de la charité humaines. Que nos volontés polissent de mieux en mieux le miroir de notre clairvoyance afin que nous y percevions en reflets de plus en plus éclatants les rayons de l'esprit et de l'amour divin.

FIN

TABLE DES MATIÈRES

ERRATA

Page 129, à la dernière lettre de la dernière ligne, l's étant tombé accidentellement, est à ajouter.

Page 133, dernière ligne, lire *Nerval* au lieu de *Kerval*.

Page 143, 4e ligne de l'épigraphe, lire *multipliés* au lieu de *multiplié*.

Page 150, 1re ligne du texte à la suite de l'épigraphe, lire *accessoire d'améliorer*, au lieu de *accessoire est d'améliorer*.

LA LUMIÈRE

REVUE MENSUELLE

Psychologie spéculative et expérimentale.
Nouveau-Spiritualisme.
Religion naturelle de la loi d'amour.
Thérapeutique de l'esprit et du corps.
Régénération humaine.
Questions religieuses et sociales.
Faits et Communications spirites.

PRIX DE L'ABONNEMENT D'UN AN :

France....... 6 fr. — Etranger..... 7 fr.
50 cent. en plus pour une prime d'anciens numéros.

DIRECTION :

97, Boulevard Montmorency, 97
PARIS-AUTEUIL

www.ingramcontent.com/pod-product-compliance
Lightning Source LLC
Chambersburg PA
CBHW060025100426
42740CB00010B/1594